Los Principios del Centurión

EL CENTURION DE LA FE

José Fernando Campos

Restauración Ministerios Ebenezer

Los Principios del Centurión

SAN FRANCISCO, CALIFORNIA

 *José Fernando Campos*

Copyright © 2017 por José Fernando Campos.

Todos los derechos reservados. Ninguna parte de esta publicación puede ser reproducida, distribuida o transmitida en cualquier forma o medio, incluyendo fotocopias, grabación, u otros medios publicitarios sin previo consentimiento del editor, excepto en el caso de breves menciones en revisiones o críticas y ciertos trabajos no comerciales permitidos por ley. Para peticiones y permisos, escribir al editor, a la dirección subscrita.

José Fernando Campos/Restauración Ministerios Ebenezer San Francisco

201 Peña Adobe Rd, Vacaville CA 95688

(650) 296-2207 (415) 410-4013 (415) 410-5114

LOS PRINCIPIOS DEL CENTURION/ José Fernando Campos. —1st ed.

ISBN 978-0-692-87468-4

Contenido

ASUNTOS DE SOLDADOS

PROLOGO

Parte I: **FORMACIÓN**

1. SOLDADOS, EXPERTOS EN BATALLAS
2. CENTURIÓN, UN SOLDADO BAJO AUTORIDAD ROMANA
3. DIMENSIONES JERÁRQUICAS QUE PODEMOS ALCANZAR EN LA ESFERA ESPIRITUAL
4. LOS TRES ELEMENTOS QUE RIGEN LA VIDA DE UN SOLDADO

Parte II: **EL CENTURION DE LA FE**

1. PRINCIPIO DE FE
2. PRINCIPIO DE AUTORIDAD
3. PRINCIPIO DE INTERCESIÓN
4. PRINCIPIO DE DELEGACIÓN
5. PRINCIPIO DE RESPETO Y DIGNIDAD
6. PRINCIPIO DEL PODER DE LA PALABRA

DEDICATORIA

JUDAS 1:24   Y a aquel que es poderoso para guardaros sin caída y para presentaros sin mancha en presencia de su gloria con gran alegría,   al único Dios nuestro Salvador, por medio de Jesucristo nuestro Señor, sea gloria, majestad, dominio y autoridad, antes de todo tiempo, y ahora y por todos los siglos. Amén.

A mi cobertura espiritual, el Apóstol Sergio Enríquez, quien por medio de la palabra que con paciencia y amor me ha entregado, me engendró y me ha cubierto como un padre a un hijo. Por el legado espiritual que ha depositado en mí y por este deseo apostólico que ha expresado en numerosas ocasiones, que sus hijos espirituales, escriban lo que Dios les ha dado y lo plasmen en libros. Gracias

A Debby, Génesis y Yeshua. Todo mi amor y agradecimiento por todo su apoyo. SON MIS TESOROS... A cada uno de los Siervos y Siervas que con su ejemplo y dedicación en el servicio me han inspirado a seguir adelante. A los supremos colaboradores que me han ayudado a través de mi ministerio y en la realización de este libro. A ti que nunca desmayas en la Carrera que Dios ha estableció en tu vida y que a pesar de las pruebas sigues adelante sin darte por vencido (a)

Gracias

Lo que nos debe interesar es tener un ejército bueno, no uno grande.

—GENERAL GEORGE WASHINGTON

Asuntos de Soldados

VALOR

s. m. Característica o conjunto de características que hacen apreciable a una persona o cosa [1].

> Y respondió uno de los mancebos y dijo: He aquí, he visto a un hijo de Isaí, el de Belén, que sabe tocar, es poderoso y valiente, un hombre de guerra, prudente en su hablar, hombre bien parecido y el Señor está con él. 1 Samuel 16:18

Los valores son principios que nos permiten orientar nuestro comportamiento en función de realizarnos como personas. Son creencias fundamentales que nos ayudan a preferir, apreciar y elegir unas cosas en lugar de otras, o un comportamiento en lugar de otro. También son fuente de satisfacción y plenitud.
Nos proporcionan una pauta para formular metas y propósitos, personales o colectivos. Reflejan nuestros intereses, sentimientos y convicciones más importantes.[2]

---

[1] Gran Diccionario de la Lengua Española © 2016 Larousse Editorial, S.L.

Los Principios del Centurión

Los valores pueden ser individuales, culturales, institucionales y/o religiosos pero vemos en los soldados ciertos valores inseparables, los cuales serán esenciales para quien disponga en su corazon, llegar a ser un soldado en el ejercito del Señor.

> 2 Timoteo 2:4 pdt "ningún soldado pierde su tiempo pensando en asuntos de la vida civil, porque lo único que le preocupa es agradar a su capitán."

EL VALOR DE LA AUTORIDAD

Josué 5:14 "Él respondió: —No soy enemigo, acabo de llegar. Soy el comandante del ejército del Señor. Entonces Josué se postró rostro en tierra ante él y lo adoró. Luego le dijo: —Yo soy su siervo, Señor, ¿tiene algo que ordenarme?"

---

[2] El libro El Valor de los Valores es una publicación de Cograf Comunicaciones
ISBN 978-980-12-3474-6. Copyright 2008 Juan Carlos Jiménez. Todos los derechos reservados.

 *José Fernando Campos*

El valor de la autoridad inmediatamente se accionó en Josué. Bajo la autoridad de Moisés, él supo vivir en sujeción. Ahora él estaba comandando operaciones para el movimiento del pueblo de Israel hacia la tierra prometida, sin embargo delante de él estaba de pie el Capitán del ejército del Señor por lo que su actitud fue de total obediencia, humildad y sencillez.

*Josué 5:15 Entonces el capitán del ejército del S*EÑOR *dijo a Josué: Quítate las sandalias de tus pies, porque el lugar donde estás es santo.* **Y así lo hizo Josué.**

....Y así lo hizo Josué.

Este valor es vital en la vida de un soldado. Pues no se trata de él, se trata de agradar a su capitán.

> **1 CORINTIOS 9.7 ("Kadosh") ¿Han oído de alguien que sea soldado y pague por sus propios gastos?**

EL VALOR DE LA FE

Isaías 41.10 Tú eres mi siervo. ' yo te elegí y no te he rechazado. No tengas miedo, pues yo estoy contigo; no temas, pues yo soy tu Dios. yo te doy fuerzas, yo te ayudo, yo te sostengo con mi mano victoriosa.

Fe: Creencia que se da a algo por la autoridad de quien lo dice o por la fama. [3]

En Isaías 41:10, vemos un llamado a confiar completamente, en aquel que está diciendo, "Yo estoy contigo". Para entender un poco más el concepto de la fe en este versículo, basta con entender el contexto de quien y a quien le están hablando. En el inicio del capítulo, El Señor se presenta con una serie de preguntas que llevan al cierre de su presentación diciendo, "***Yo, el Señor, soy el primero, y con los postreros estoy***". Lo lleva a entender, Yo, el Señor soy autoridad sobre ti. Después le habla de su identidad, le recuerda que no siempre fue Israel, le habla de su nombre débil, de su pasado civil, antes de ser llamado a ser patriarca y le dice; Jacob, a quien he escogido, **descendiente de Abraham, mi amigo**. Primero le dice, fuiste escogido, reclutado, no eres como los demás, enseguida le recuerda que él es descendiente del Padre de la Fe, amigo del Señor y a quien se le dieron promesas. Por lo tanto su identidad queda afianzada a una base de fe.

> Hebreos 11:8-9 Por la fe Abraham, al ser llamado, obedeció saliendo para un lugar que había de recibir como herencia; y salió sin saber adónde iba. Por la fe habitó como extranjero en la tierra de la promesa como en tierra extraña, viviendo en tiendas como Isaac y Jacob, coherederos de la misma promesa.

> **2 Timoteo 2.3 (bad) comparte nuestros sufrimientos, como buen soldado de Cristo Jesús.**

---

[3] Real Academia Española © Todos los derechos reservados

José Fernando Campos

EL VALOR EN LA BATALLA

1 Pedro 4.13 (BPD) Alégrense en la medida en que puedan compartir los sufrimientos de Cristo. Así, cuando se manifieste su gloria, ustedes también desbordarán de gozo y de alegría.

Dentro del ejercito de David, había un grupo llamado Los Valientes de David y de ellos tres fueron famosos por su bravura, valentía y compromiso. Compartieron los sufrimientos de su rey pero tambien compartieron la gloria de la victoria juntamente con él.

2 Samuel 23:8 Estos son los nombres de los valientes que tenía David: Joseb-basebet tacmonita, principal de los capitanes; éste era llamado Adino eznita, por los ochocientos que mató una vez; ^{9} y después de él, Eleazar, hijo de Dodo ahohíta, uno de los tres valientes que estaban con David cuando desafiaron a los filisteos que se habían reunido allí para la batalla y se habían retirado los hombres de Israel. ^{10} Él se levantó e hirió a los filisteos hasta que su mano se cansó y quedó pegada a la espada; aquel día el Señor concedió una gran victoria; el pueblo volvió en pos de él, pero sólo para despojar a los muertos. ^{11} Después de él, fue Sama, hijo de Age ararita. Los filisteos se habían concentrado en tropa, donde había un terreno lleno de lentejas, y el pueblo había huido de los filisteos. ^{12} Pero él se puso en medio del terreno, lo defendió e hirió a los filisteos; y el Señor concedió una gran victoria.

El valor, la fidelidad al llamado, a compartir con el rey, aun cuando otros se van, no es de muchos, pero precisamente de esto se trata este libro, de formar en cada uno de nosotros, soldados, centuriones, valientes del ejercito del Señor.

Apocalipsis 17:14 Estos pelearán contra el Cordero, y el Cordero los vencerá, porque Él es Señor de señores y Rey de reyes, y los que están con El son llamados, escogidos y fieles.

PROLOGO

Si no has recibido un entrenamiento militar, el principal objetivo de este libro, es crear un sentido de entendimiento del mismo.

Hace ya algunos años tuve la oportunidad de recibir entrenamiento militar, aún era muy joven cuando ingrese a un Instituto de educación básica, en donde su objetivo era inspirar vocacionalmente a los jóvenes reclutas para pertenecer a las filas del ejército de Guatemala. Ahora ha pasado el tiempo y queda el recuerdo de las enseñanzas recibidas, las cuales ahora, como cristiano, me han servido para entender la panorámica bíblica desde el punto de vista militar.

Ahora ¡SOMOS EL EJERCITO DE CRISTO!, y aunque a veces no nos detenemos a meditarlo, pero, estamos en una gran batalla; No a nivel visible, sino en las atmósferas espirituales.

EFESIOS 6:12 Porque nuestra lucha no es contra sangre y carne, sino contra principados, contra potestades, contra los poderes de este mundo de tinieblas, contra las huestes espirituales de maldad en las regiones celestes.

Posiblemente puedas pensar "YO NO SOY SOLDADO", sin embargo la biblia nos habla de niveles de compromiso y de especialidad en diferentes profesiones, los cuales nos ayudan a entender el nivel de entrega que se requiere para ser un centurión. Algunas de ellas son el pescador, el sembrador, el atleta y el soldado. Antes de ahondarnos en los principios del centurión, veamos estas disciplinas.

PESCADOR

> Y les dijo: Seguidme, y yo os hare pescadores de hombres, Mt 4:19

Tareas de un pescador

TRABAJAR EN LA OSCURIDAD

> **Luc 5:5** Respondiendo Simón, dijo: Maestro, hemos estado trabajando toda la noche y no hemos pescado nada, pero porque tú lo pides, echare las redes.

La Biblia nos dice en el libro de Efesios que nosotros antes éramos oscuridad, pero ahora podemos con la luz dentro de nosotros producir cosas buenas.

Efesios 5:8-9 Pues antes ustedes estaban llenos de oscuridad, pero ahora tienen la luz que proviene del Señor. Por lo tanto, ¡vivan como gente de luz! Pues esa luz que está dentro de ustedes produce solo cosas buenas, rectas y verdaderas.

Los Principios del Centurión

SABER NADAR

> Juan 21:7 "Entonces aquel discípulo a quien Jesús amaba, dijo a Pedro: ¡Es el Señor! Oyendo, pues, Simón Pedro que era el Señor, se ciñó la ropa (porque se la había quitado para poder trabajar), se echó al mar".

"Se ciñó la ropa, (porque se la había quitado para poder trabajar), y se echó al mar. " La acción lógica debió haber sido, simplemente echarse al mar, muy al contrario, Pedro se ciñó la ropa y se hecho al mar. Su acción no solo demuestra su respeto a la autoridad frente al Señor sino tambien su destreza en el mar.

Un soldado nunca se presentaría fuera de uniforme ante su superior y mucho menos desnudo. Pedro reconociendo que era necesario presentarse ante al Señor cubierto, se ciñe sus vestiduras y se echa al mar.

La versión Sagradas Escrituras 1569 lee de la siguiente manera. Dijo entonces aquel discípulo, al cual amaba Jesús, a Pedro: El Señor es. Entonces Simón Pedro, cuando oyó que era el Señor, _se ciñó la ropa, porque estaba desnudo, y se echó al mar._

Los discípulos fueron llamados a seguir al Señor y se les prometió hacerles pescadores de hombres. Pedro acepto y se convirtió en un seguidor de Cristo en preparación a ser pescador de hombres. En la Biblia vemos a otro seguidor, que al igual que Pedro en un momento crucial en el tiempo de Cristo en la tierra, se encontró desnudo, sin embargo con-

trario a Pedro, este joven iba cubriendo su desnudez solamente con una sábana, su vestidura era no solamente errónea, además, no estaba ceñido y tuvo que huir desnudo.

Marcos 14: **51** Cierto joven le seguía, vestido *sólo* con una sábana sobre *su cuerpo* desnudo; y lo prendieron; **52** pero él, dejando la sábana, escapó desnudo.

El mismo Señor les habla a sus discípulos de su función ministerial en cuanto a la desnudes y esta es de cubrirla. Siendo esencial primeramente que nosotros mismos tengamos una cobertura ministerial sobre nuestras vidas.

Mateo 25:35 ``Porque tuve hambre, y me disteis de comer; tuve sed, y me disteis de beber; fui forastero, y me recibisteis; **36** estaba desnudo, y me vestisteis; enfermo, y me visitasteis; en la cárcel, y vinisteis a mí. **37** Entonces los justos le responderán, diciendo: ``Señor, ¿cuándo te vimos hambriento, y te dimos de comer, o sediento, y te dimos de beber? **38** ``¿Y cuándo te vimos *como* forastero, y te recibimos, o desnudo, y te vestimos? **39** ``¿Y cuándo te vimos enfermo, o en la cárcel, y vinimos a ti? **40** Respondiendo el Rey, les dirá: ``En verdad os digo que en cuanto lo hicisteis a uno de estos hermanos míos, *aun a* los más pequeños, a mí lo hicisteis.

Es por esto que la disciplina de esta carrera requiere que sepamos que para sumergirnos en las aguas que hemos de nadar, debemos ser revestidos y ceñidos.

2 Corintios 5 Porque sabemos que si nuestra morada terrestre, este tabernáculo, se deshiciere, tenemos de Dios un edificio, una casa no hecha de manos, eterna, en los cielos.[2] Y por esto también gemimos, deseando ser revestidos de aquella nuestra habitación celestial;[3] <u>pues así seremos hallados vestidos, y no desnudos.</u>[4] Porque asimismo los que esta-

Los Principios del Centurión

mos en este tabernáculo gemimos con angustia; <u>porque no quisiéramos ser desnudados, sino revestidos, para que lo mortal sea absorbido por la vida.</u>

> Apocalipsis 3:17-18 Reina-Valera 1960 (rvr1960)
> 17 porque tú dices: yo soy rico, y me he enriquecido, y de ninguna cosa tengo necesidad; y no sabes que tú eres un desventurado, miserable, pobre, ciego y desnudo. 18 por tanto, yo te aconsejo que de mí compres oro refinado en fuego, para que seas rico, y vestiduras blancas para vestirte, y que no se descubra la ver-

SER EXPERTOS EN TORMENTA

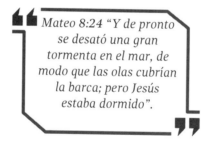

> Mateo 8:24 "Y de pronto se desató una gran tormenta en el mar, de modo que las olas cubrían la barca; pero Jesús estaba dormido".

Hechos 27:23 Anoche se me apareció un ángel del Dios a quien pertenezco y a quien sirvo, 24 y me dijo: "No tengas miedo, Pablo. Tienes que comparecer ante el emperador; y Dios te ha concedido la vida de todos los que navegan contigo." 25 Así que ¡ánimo, señores! Confío en Dios que sucederá tal y como se me dijo. 26 Sin embargo, tenemos que encallar en alguna isla.»......

29 Y temiendo que en algún lugar fuéramos a dar contra los escollos, echaron cuatro anclas por la popa y ansiaban que amaneciera. 30 Como

José Fernando Campos

los marineros trataban de escapar de la nave y habían bajado el esquife al mar, bajo pretexto de que se proponían echar las anclas desde la proa, **31** *Pablo dijo al centurión y a los soldados: Si éstos no permanecen en la nave, vosotros no podréis salvaros.*

Jesús les dijo a sus discípulos, hombres de poca fe, cuando desesperados pensaban que perecerían ante la tormenta; Pablo enfrentando una tormenta en medio del mar frente a las costas de Cicilia consigue ministrar paz y certeza a toda la tripulación de aquel barco. Su confianza estaba puesta en Dios, en el Dios de Israel, del cual el salmista dice; el que calma el rugido de los mares, y el tumulto de la gente.

El alma del experto en tormentas está segura. Hebreos 6:19 la cual tenemos como ancla del alma, una *esperanza* segura y firme, y que penetra hasta detrás del velo.

SABER REMENDAR LAS REDES

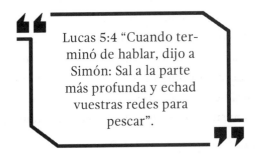

> Lucas 5:4 "Cuando terminó de hablar, dijo a Simón: Sal a la parte más profunda y echad vuestras redes para pescar".

En vano seria la disciplina del pescador y su destreza en el mar sin su herramienta primaria. El cuidado de lo básico, de los rudimentos de la pesca, aseguran el éxito de toda empresa y privilegio.

Lucas 5:2 "vio dos barcas que estaban a la orilla del lago, pero los pescadores habían bajado de ellas y lavaban las redes".

Los Principios del Centurión

Marcos 1:19 Yendo un poco más adelante vio a Jacobo, el hijo de Zebedeo, y a su hermano Juan, los cuales estaban también en la barca, remendando las redes.

El llamamiento, el reclutamiento de estos pescadores de hombres, se da en el momento en el cual ellos están mostrando la destreza en su oficio. Mateo 4:21 Y pasando de allí, vio a otros dos hermanos, Jacobo, {hijo} de Zebedeo, y Juan su hermano, en la barca con su padre Zebedeo, remendando sus redes, y los llamó.

La palabra REMENDAR es el Griego Katartizó, y esto es en su definición, aderezar, hacer apto, completar, preparar, perfeccionar, restaurar.

Por lo tanto uno que se dice ser pescador, debe ser adorador. "..de la boca de los niños y de los que maman, Katartizó, la alabanza". El pescador no se considera mayor que su maestro, porque "….El discípulo no es superior a su maestro; mas todo el que fuere KATARTIZÓ perfeccionado, será como su maestro. Un llamado a ser pescador, ama la unidad. "….sino que estéis perfectamente KATARTIZÓ unidos en una misma mente y en un mismo parecer." Por lo demás, hermanos, tened gozo, KATARTIZÓ perfeccionaos, consolaos, sed de un mismo sentir, y vivid en paz; y el Dios de paz y de amor estará con vosotros. Un experto en remendar redes, es un restaurador espiritual porque dice la Biblia, Hermanos, si alguno fuere sorprendido en alguna falta, vosotros que sois espirituales, restauradle KATARTIZÓ, con espíritu de mansedumbre, considerándote a ti mismo, no sea que tú también seas tentado.

José Fernando Campos

ESCOGER LOS PECES

Mateo 13:48 y cuando se llenó, la sacaron a la playa; y se sentaron y recogieron los peces buenos en canastas, pero echaron fuera los malos.

Ezequiel 47:10 Y junto a él separarán los pescadores, y desde En-gadi (fuente de un niño) hasta En-eglaim(fuente de dos becerros) habrá un lugar para tender las redes. Sus peces serán según sus especies como los peces del mar Grande, numerosísimos.

Cantares 1:14 Mi amado es para mí como un ramito de azahar de las viñas de Engadi.
1 Reyes 12:28-29 Y el rey tomó consejo, hizo dos becerros de oro, y dijo al pueblo: Es mucho para vosotros subir a Jerusalén; he aquí vuestros dioses, oh Israel, los cuales te hicieron subir de la tierra de Egipto. Puso uno en Betel y el otro lo puso en Dan.

La disciplina del pescador, espiritualmente hablando, del evangelismo; conlleva entender que llegara el momento de extender las redes de la pesca para poder colocar los peces buenos en canastas, pero cuales son estas canastas? Son Engadi, son iglesias que tienen el aroma de Cristo, que son fuente de alabanza pura, pues son fuentes de niños y de la boca de los que amamantan y de los niños, El, perfecciona la alabanza, deben de ser lugares en donde hay palabra de los cinco ministerios, en donde hay vides y no en En-eglaims o lugares en donde los ministros o reyes han levantado becerros de oro para hacer caer al pueblo en doctrinas de perdición.

Los Principios del Centurión

En Acción

Esta anécdota relata la historia de unos pescadores de este tiempo, en las costas en donde Pablo naufrago y como estos ponen su disciplina para ser literalmente pescadores de hombres.

"Nos hallamos en medio del paso. Es nuestra zona de pesca y su zona de tránsito". Casi a diario los pescadores del Canal de Sicilia se cruzan con las barcas de los migrantes frente a las costas de Lampedusa. Cada vez más a menudo sustituyen a la Guardia Costera y la Marina militar en los rescates difíciles. El último ocurrió el pasado 28 de noviembre de 2008. Había mar arbolada, olas de ocho metros y cinco tripulaciones sicilianas tuvieron las agallas de socorrer a 650 personas. Me vine a Mazzara del Vallo, primer puerto pesquero de Italia, para conocer a los protagonistas de ese salvamento: descubrí que no era la primera vez que sucedía. <u>En los últimos años los pescadores de Mazzara han salvado la vida a cientos de hombres y mujeres</u>. Sus historias son increíbles: hombres rescatados en alta mar, que flotaban desde hacía horas agarrados a la orilla de una balsa neumática volcada. Se trata de historias dramáticas, de barcas volcadas durante las operaciones de salvamento, de personas ahogadas a dos metros de su salvación. Historias heroicas de marineros que saltan al mar en plena noche para salvar a una mujer que se ha caído al agua. Pero también historias crueles, inefables, de cadáveres encontrados en las redes, devorados por los peces. Son historias de profunda humanidad, de héroes anónimos que no miraron hacia otro lado porque "cuando ves a un niño de tres meses en el mar no piensas ni en el dinero ni en el tiempo perdido: <u>sólo piensas en salvarle la vida</u>".[4]

---

[4] Gabriele de Grande para Fortress Europa; Capitanes Intrépidos

José Fernando Campos

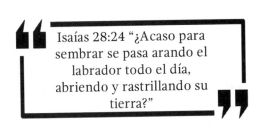
Sembrador

> Isaías 28:24 "¿Acaso para sembrar se pasa arando el labrador todo el día, abriendo y rastrillando su tierra?"

2ª Corintios 9:10 "Y el que suministra semilla al sembrador y pan para su alimento, suplirá y multiplicará vuestra sementera y aumentará la siega de vuestra justicia".

Tareas de un sembrador

SEMBRAR POR LA MAÑANA

En Eclesiastés la Biblia nos dice que la semilla se debe sembrar por la mañana y por la tarde no darle descanso a la mano. Esto es precisamente debido a que la siembra al igual que toda disciplina, conlleva diferentes actividades necesarias a fin de que se pueda llegar a la meta establecida. Para un soldado, al igual que para un sembrador, la mañana es vital para su vida.

Varios estudios demuestran los beneficios de despertarse temprano. La planificación, la anticipación a los problemas, la solución de los mismos, la efectividad en las tareas, el optimismo, el ejercicio, el sentido general de bienestar son solamente algunos de los beneficios de "sembrar en ti, por la mañana".

PREPARAR LA TIERRA

(ESCOGE EL TIPO DE SEMILLA)

> *Isaías 28:25 "¿No allana su superficie y siembra eneldo y esparce comino, y siembra trigo en hileras, cebada en su debido lugar, y centeno dentro de sus límites?"*

Parecería que un sembrador está muy lejos de la realidad de un soldado y mucho más de un líder militar como lo sería un centurión, sin embargo la Biblia misma une estas dos disciplinas en estos versículos.

Joel 3:9. Bien podéis pregonar en alta voz entre las naciones: Aparejaos para la guerra, animad a los valientes; vengan, pónganse en marcha los guerreros todos; 10. transformad vuestros arados en espadas, y en lanzas vuestros azadones; diga aun el débil: Fuerza tengo yo.

Isaías 2:4 Juzgara entre las naciones, y hará decisiones por muchos pueblos. Forjaran sus espadas en rejas de arado, y sus lanzas en podaderas.

José Fernando Campos

La preparación es inherente de un sembrador como lo es para un soldado. La falta de la misma puede llevar a desastres para el sembrador en el campo de siembra como para el ejército en el campo de batalla. En el año 2003, durante la ocupación de Irak, la falta de planificación fue equivalente a fracasos y costoso aprendizaje, como lo explican en este estudio que hicieron después del terrible fracaso que tuvieron por la falta de preparación.

Ninguna cantidad de pensamiento informado sobre conceptos y planes hubiera impedido las deficiencias en la planificación que ensombrecieron la ocupación de Irak en 2003. Pero más allá del humo y espejos políticos, la misma planificación operativa, a menudo, no genera el nivel de comprensión necesario para librar guerras en entornos sociales complejos. En Afganistán e Irak, los planificadores militares presiden inadecuados enfoques operacionales y tácticos y se demoraron en percibir, comprender y gestionar las transiciones. Aprender en el trabajo resultó ser un negocio costoso y <u>los propósitos estratégicos tuvieron que abandonarse en el camino</u>.[5]

---

[5] El Propósito del Diseño de la Misión
Cómo comprender los cuatro tipos de enfoques operacionales
Simon Murden, Doctor en Filosofía

OÍR LA INSTRUCCIÓN

Isaías 28:26 "Porque su Dios le instruye y le enseña cómo hacerlo".

En este mismo capítulo la Biblia nos amplía grandemente la maravillosa instrucción que Dios mismo le da al agricultor. El saber oir una instrucción puede significar la vida o la muerte en el campo de batalla, o la abundancia o total perdida en la siembra.

Isaías 28: Escúchenme; escuchen y presten mucha atención.
²⁴¿Acaso el agricultor siempre ara pero nunca siembra?
¿Está continuamente labrando la tierra y nunca plantando?
²⁵¿No siembra finalmente sus semillas
—comino negro, comino, trigo, cebada y trigo espelta—
cada uno en la forma correcta,
y cada uno en el lugar que le corresponde?
²⁶El agricultor sabe exactamente qué hacer
porque Dios le ha dado entendimiento.
²⁷Nunca se usa un mazo pesado para trillar el comino negro,
sino que se golpea con varas livianas.
Nunca se pasa una rueda de trillar sobre el comino,
al contrario, se golpea suavemente con un mayal.
²⁸El grano para el pan se muele con facilidad,
por eso no lo tritura demasiado.
Lo trilla bajo las ruedas de una carreta,
pero no lo pulveriza.

José Fernando Campos

²⁹ *El Señor de los Ejércitos Celestiales es un maestro maravilloso, y le da gran sabiduría al agricultor.*

ABONAR LA TIERRA CON LÁGRIMAS

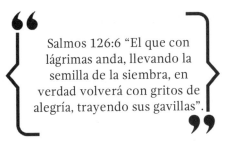

Salmos 126:6 "El que con lágrimas anda, llevando la semilla de la siembra, en verdad volverá con gritos de alegría, trayendo sus gavillas".

Recompensa y cosecha espera al que en medio de la prueba y de la batalla, persevera. Romanos 5:3-5 dice lo siguiente: Y no sólo esto, sino que también nos gloriamos en las tribulaciones, sabiendo que *la tribulación produce paciencia; y la paciencia, carácter probado; y el carácter probado, esperanza; y la esperanza no desilusiona,* porque el amor de Dios ha sido derramado en nuestros corazones por medio del Espíritu Santo que nos fue dado.

La tribulación, las lágrimas con las cuales se siembra producen valores inmensurables en nosotros.

Nehemías inicia su proceso de restaurador, abonando con lágrimas. Nehemías 1:4 Cuando oí esto, me senté a llorar. De hecho, durante varios días estuve de duelo, ayuné y oré al Dios del cielo.

El clamaba por el auxilio de Dios y que fueran recordadas las palabras, las promesas, que fueron sembradas.

Nehemías 1:8 Te suplico que recuerdes lo que le dijiste a tu siervo Moisés: "Si me son infieles los dispersaré entre las naciones; ⁹pero si vuelven a mí y obedecen mis mandatos y viven conforme a ellos, entonces aunque se encuentren desterrados en los extremos más lejanos de la tierra, yo los volveré a traer al lugar que elegí para que mi nombre sea honrado".

La cosecha es en gozo, Nehemías le ordena al pueblo dejar de llorar.

Nehemías 8:9 Luego Nehemías, el gobernador, Esdras, el sacerdote y escriba, y los levitas que interpretaban para el pueblo dijeron: «¡No se lamenten ni lloren en un día como este! Pues hoy es un día sagrado delante del Señor su Dios». Pues todo el pueblo había estado llorando mientras escuchaba las palabras de la ley.[10] Nehemías continuó diciendo: «Vayan y festejen con un banquete de deliciosos alimentos y bebidas dulces, y regalen porciones de comida a los que no tienen nada preparado. Este es un día sagrado delante de nuestro Señor. ¡No se desalienten ni entristezcan, porque el gozo del Señor es su fuerza!».[11] También los levitas clamaban al pueblo y decían: «¡Cállense! ¡No lloren! Pues este es un día sagrado».[12] Así que el pueblo se fue a comer y a beber en una gran fiesta, a compartir porciones de la comida y a celebrar con gran alegría porque habían oído y entendido las palabras de Dios.

Se cosecho con regocijo.

José Fernando Campos

TRABAJAR CON ESFUERZO

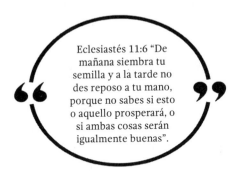

Eclesiastés 11:6 "De mañana siembra tu semilla y a la tarde no des reposo a tu mano, porque no sabes si esto o aquello prosperará, o si ambas cosas serán igualmente buenas".

El esfuerzo por la mañana y por la tarde es un principio eterno, un principio de creación y de productividad. Seis tiempos en los cuales Dios mismo abre el círculo de creación y reproducción. No es en vano hacer un énfasis en el proceso de la creación y detenernos a entender la magnitud de la productividad y lo inmenso de la creación que se cubrió en cada uno de estos ciclos de creación.

1. Génesis 1: En el principio creó Dios los cielos y la tierra. **²** Y la tierra estaba sin orden y vacía, y las tinieblas cubrían la superficie del abismo, y el Espíritu de Dios se movía sobre la superficie de las aguas. **³** Entonces dijo Dios: Sea la luz. Y hubo luz. **⁴ Y vio Dios que la luz *era* buena**; y separó Dios la luz de las tinieblas. **⁵** Y llamó Dios a la luz día, y a las tinieblas llamó noche. **Y fue la tarde y fue la mañana: un día.**

2. **⁶** Entonces dijo Dios: Haya expansión en medio de las aguas, y separe las aguas de las aguas. **⁷** E hizo Dios la expansión, y separó las aguas que *estaban* debajo de la expansión de las aguas que *estaban* sobre la expansión. Y fue así. **⁸** Y llamó Dios a la expansión cielos. **Y fue la tarde y fue la mañana: el segundo día.**

3. Entonces dijo Dios: Júntense en un lugar las aguas *que están* debajo de los cielos, y que aparezca lo seco. Y fue así. **¹⁰** Y llamó Dios a lo seco tierra, y al conjunto de las aguas llamó mares.

Los Principios del Centurión

Y vio Dios que *era* bueno. ¹¹ Y dijo Dios: Produzca la tierra vegetación hierbas que den semilla, *y* árboles frutales que den fruto sobre la tierra según su género, con su semilla en él. Y fue así. ¹² Y produjo la tierra vegetación: hierbas que dan semilla según su género, y árboles que dan fruto con su semilla en él, según su género. Y vio Dios que *era* bueno. ¹³ Y fue la tarde y fue la mañana: el tercer día.

4. ¹⁴ Entonces dijo Dios: Haya lumbreras en la expansión de los cielos para separar el día de la noche, y sean para señales y para estaciones y para días y *para* años; ¹⁵ y sean por luminarias en la expansión de los cielos para alumbrar sobre la tierra. Y fue así. ¹⁶ E hizo Dios las dos grandes lumbreras, la lumbrera mayor para dominio del día y la lumbrera menor para dominio de la noche; *hizo* también las estrellas. ¹⁷ Y Dios las puso en la expansión de los cielos para alumbrar sobre la tierra, ¹⁸ y para dominar en el día y en la noche, y para separar la luz de las tinieblas. **Y vio Dios que *era* bueno.** ¹⁹ **Y fue la tarde y fue la mañana: el cuarto día.**

5. ²⁰ Entonces dijo Dios: Llénense las aguas de multitudes de seres vivientes, y vuelen las aves sobre la tierra en la abierta expansión de los cielos. ²¹ Y creó Dios los grandes monstruos marinos y todo ser viviente que se mueve, de los cuales están llenas las aguas según su género, y toda ave según su género. **Y vio Dios que *era* bueno.** ²² Y Dios los bendijo, diciendo: Sed fecundos y multiplicaos, y llenad las aguas en los mares, y multiplíquense las aves en la tierra. ²³ **Y fue la tarde y fue la mañana: el quinto día.**

6. ²⁴ Entonces dijo Dios: Produzca la tierra seres vivientes según su género: ganados, reptiles y bestias de la tierra según su género. Y fue así. ²⁵ E hizo Dios las bestias de la tierra según su género, y el ganado según su género, y todo lo que se arrastra sobre la tierra según su género. **Y vio Dios que *era* bueno.** ²⁶ Y dijo Dios: Hagamos al hombre a nuestra imagen, conforme a nuestra semejanza; y ejerza dominio sobre los peces del mar, sobre las aves del cielo, sobre los ganados, sobre toda la tierra, y sobre todo reptil que se

arrastra sobre la tierra. ²⁷ Creó, pues, Dios al hombre a imagen suya, a imagen de Dios lo creó; varón y hembra los creó. ²⁸ Y los bendijo Dios y les dijo: Sed fecundos y multiplicaos, y llenad la tierra y sojuzgadla; ejerced dominio sobre los peces del mar, sobre las aves del cielo y sobre todo ser viviente que se mueve sobre la tierra. ²⁹ Y dijo Dios: He aquí, yo os he dado toda planta que da semilla que hay en la superficie de toda la tierra, y todo árbol que tiene fruto que da semilla; esto os servirá de alimento. ³⁰ Y a toda bestia de la tierra, a toda ave de los cielos y a todo lo que se mueve sobre la tierra, y que tiene vida, *les he dado* toda planta verde para alimento. Y fue así. ³¹ **Y vio Dios todo lo que había hecho, y he aquí que *era* bueno en gran manera. Y fue la tarde y fue la mañana: el sexto día.**

Entrar en ciclos de esfuerzo de mañana y tarde nos lleva a una plenitud de bien. En Proverbios 14:23 encontramos estas palabras. Todo esfuerzo tiene su recompensa, pero quedarse solo en palabras trae pobreza. Un soldado, al igual que un sembrador no puede dar su día al ocio. Para todos la falta de esfuerzo producirá pobreza.

"Siembra un pensamiento y cosecha una acción; siembra una acción y cosecha un hábito; siembra un hábito y cosecha un carácter; siembra un carácter y cosecha un destino". Samuel Smiles

Ruth la Moabita es vista por primera vez por Booz, poniendo en práctica este principio. Ruth 2:5 Y Booz dijo a su criado el mayordomo de los segadores: ¿De quién es esta joven?⁶ Y el criado, mayordomo de los segadores, respondió y dijo: Es la joven moabita que volvió con Noemí de los campos de Moab;⁷ y ha dicho: Te ruego que me dejes recoger y juntar tras los segadores entre las gavillas. Entró, pues, y está desde por la mañana hasta ahora, sin descansar ni aun por un momento.

Los Principios del Centurión

TRABAJAR EN EQUIPO

> **Amós 9:13** "He aquí, vienen días -declara el Señor- cuando el arador alcanzará al segador, y el que pisa la uva al que siembra la semilla; cuando destilarán vino dulce los montes, y todas las colinas se derretirán".

Pablo describe el trabajo en equipo del sembrador de esta forma; 1 Corintios 3:5 Después de todo, ¿qué es Apolos? ¿Y qué es Pablo? Nada más que servidores por medio de los cuales ustedes llegaron a creer, según lo que el Señor le asignó a cada uno. ⁶ Yo sembré, Apolos regó, pero Dios ha dado el crecimiento. ⁷ Así que no cuenta ni el que siembra ni el que riega, sino solo Dios, quien es el que hace crecer. ⁸ El que siembra y el que riega están al mismo nivel, aunque cada uno será recompensado según su propio trabajo. ⁹ En efecto, nosotros somos colaboradores al servicio de Dios; y ustedes son el campo de cultivo de Dios, son el edificio de Dios.

El trabajo individual resulta ser estéril sino va acompañado del trabajo del resto del equipo.

Proverbios 20:4 Cuando es tiempo de arar, el perezoso no ara; pero al llegar la cosecha, buscará y no encontrará.

La efectividad del equipo de la siembra inicia con el arador, si este no inicia el proceso, el segador no tendrá nada que hacer en el campo. El encuentro de los segadores con los necesitados y con el dueño de la siega tampoco ocurriría.

Ruth 2:14 Y Booz le dijo a la hora de comer: Ven aquí, y come del pan, y moja tu bocado en el vinagre. Y ella se sentó junto a los segadores, y él le dio del potaje, y comió hasta que se sació, y le sobró.

José Fernando Campos

Amos 9:13 marca un circulo completo de virtud en cuanto a la siembra, la cosecha, el fruto dulce de la misma y la semilla derivada de la cosecha. Un eslabón que falle en este círculo de virtud y la profesión o carrera del sembrador prueba ser fútil.

EN ACCIÓN

En el desierto de Neguev, fue necesario desarrollar una destreza impresionante en la disciplina de agricultura, Dios les permitio hacer cosas maravillosas en medio del desierto. La dramática transformación del desierto en áreas verdes con aguas salobregas es un milagro tecnológico y biológico. Representa una revolución en el sistema del manejo de la tierra y los recursos del agua en ambientes desérticos. Y aunque alguna vez el desierto del Neguev fue declarado inhabitable al día de hoy (1987 n.t.) es el hogar de aproximadamente 445,000 judíos y 55 mil beduinos que componen aproximadamente 250 asentamientos dedicados a la agricultura.

El agua que se riega en el desierto del Neguev tienen 20 veces más sal que el agua potable. La desalinización es muy cara así que hemos desarrollado variedades de planta que absorben agua pero no sal; dice Menachem Perlmutter, el arquitecto de los asentamientos del Neguev. -**Pero, agrega, -nos tomó seis años de tormentas de arena y malas cosechas antes que pudiéramos balancear la biodinámica del agua, nutrientes, sal y sol.**[6]

---

[6] Jonathan D. Averbach (Israel´s Miracle Food from the Desert) The Saturday Evening Post, p48 Sept1987 Vol. 259

Los Principios del Centurión

ATLETA

2ª TIMOTEO 2:5 "Y TAMBIÉN EL QUE COMPITE COMO ATLETA NO GANA EL PREMIO SI NO COMPITE DE ACUERDO CON LAS REGLAS".

TAREAS DE UN ATLETA

SABER CORRER

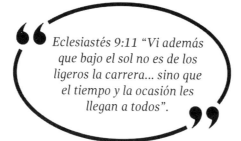

Eclesiastés 9:11 "Vi además que bajo el sol no es de los ligeros la carrera... sino que el tiempo y la ocasión les llegan a todos".

El atleta, el soldado y el cristiano trabajan hacia metas, el alcanzarlas dependerá de la convicción, diligencia y enfoque que invierta en ello.

La guerra es una interacción, un duelo con metas políticas perseguidas con un propósito (por qué se tiene que hacer algo a un oponente y con qué fin); calibrada para prevalecer en el duelo y así lograr la meta.[7]

---

[7] El Propósito del Diseño de la Misión

José Fernando Campos

Filipenses 3:12-14 "No que lo haya alcanzado ya, ni que ya sea perfecto; sino que prosigo, por ver si logro asir aquello para lo cual fui también asido por Cristo Jesús. Hermanos, yo mismo no pretendo haberlo ya alcanzado; pero una cosa hago: olvidando ciertamente lo que queda atrás, y extendiéndome a lo que está delante, prosigo a la meta, al premio del supremo llamamiento de Dios en Cristo Jesús."

SABER SU LUGAR

> Hechos 13:25 "Cuando Juan estaba a punto de terminar su carrera, decía: ¿Quién pensáis que soy yo? Yo no soy el Cristo; mas he aquí, viene tras mí uno de quien yo no soy digno de desatar las sandalias de sus pies".

El atleta norteamericano Jesse Owens ganó cuatro medallas de oro ante miles de alemanes, ante Hitler ante Goebbels y su máquina de propaganda, y ante sus compañeros judíos apartados por la corrupción del comité olímpico. Fue Goebbles quien denominó a los deportistas afroamericanos de Estados Unidos; los auxiliares negros, y fue también el productor del filme «Olympia», brillante ejercicio cinematográfico de la directora Leni Riefenstahl, que dejó para la posteridad la humillación alemana. [8]

Owens pudo haber endurecido su corazon, negarse a competir o reclamar un lugar de honra, sin embargo esto no fue lo que él hizo. Supo

---

Cómo comprender los cuatro tipos de enfoques
Operacionales Simon Murden, Doctor en Filosofía

[8] http://www.abc.es/cultura/cine/abci-vida-jesse-owens-llega-cine-race-heroe-berlin-201604110214_noticia.html

que en ese momento, el representar su atletismo de la mejor manera, avanzaba no solamente la causa de su país, sino tambien la causa de otros atletas que como él, estaban siendo discriminados. Específicamente, los judíos, a quienes se les negó la oportunidad de competir.

Owens, el héroe, demostró coraje para enfrentarse, no solo a sus adversarios velocistas, sino también el racismo que vivía cada día. «**Creo que su educación tuvo mucho que ver con su triunfo. Su fuerza, su coraje, su espiritualidad, sus valores, son un legado de su familia.** Creció en Alabama, donde su padre era un aparcero y su abuelo un esclavo, en la unidad familiar cada uno tenía un papel que representar en beneficio de todos. Eso les marcó y les dio fuerza»

A Jesse los norteamericanos no le pagaron bien su proeza **obligándole a entrar en hoteles por la puerta de servicio** (incluso a la vuelta de los Juegos y en una cena homenaje a él mismo, le hicieron entrar por la puerta de servicio), a sentarse en la parte trasera de los autobuses y a competir con caballos en carreras profesionales para poder mantenerse.

«**Hice lo que quería hacer y lo logré con determinación. Gané por mí y por mi país.** Fue muy especial ganar una medalla de oro y ser un hombre negro. **Destrozamos su teoría de la raza y soy feliz por mí, como individuo, por mí raza y por mí país**», declaró el atleta tras conseguir sus medallas olímpicas. Jesse honró a sus compañeros judíos, Marty Glickman y Sam Stoller, que no pudieron competir para no ofender a sus anfitriones antisemitas.[9]

---

[9] http://www.abc.es/cultura/cine/abci-vida-jesse-owens-llega-cine-race-heroe-berlin-201604110214_noticia.html

José Fernando Campos

NEGARSE A SI MISMO

Hechos 20:24 "Pero en ninguna manera estimo mi vida como valiosa para mí mismo, a fin de poder terminar mi carrera y el ministerio que recibí del Señor Jesús, para dar testimonio solemnemente del evangelio de la gracia de Dios".

Jesse Owens nos regaló una de las imágenes más bellas del deporte cuando abrazó y conversó con Luz Long, su adversario alemán de salto de longitud. Poco antes del último salto Long había aconsejado, tras dos saltos nulos, que se alejara un poco en su última oportunidad. Owens le escuchó y voló algo más de ocho metros, una marca que se tardarían 25 años en batir.

Después, cuando Owens logró el oro, el atleta alemán dio otra muestra de deportividad diciéndole al norteamericano que dieran la vuelta de honor al estadio juntos. Aquello no gustó en absoluto al régimen nazi, que acabó pasándole factura a Long, mandándole a la primera línea de guerra, donde moriría en el frente de Sicilia, durante la invasión británica.

Long y Owens mantuvieron correspondencia después de los Juegos Olímpicos e incluso el norteamericano visitó a su familia cuando acabó la guerra. El estadounidense diría de él: «Podrían fundir todas las medallas y copas que gané, y no valdrían nada frente a la amistad de 24 quilates que hice con Luz Long en aquel momento».[10]

POSEER FE

> 2ª Timoteo 4:7 "He peleado la buena batalla, he terminado la carrera, he guardado la fe".

"Aun así parte de ti todavía cree que puedes pelear, que puedes sobrevivir no importa lo que tu mente sepa. No es tan extraño. Donde aún hay vida, hay esperanza. Lo que pase dependerá de Dios." Louis Zamperini

Louis fue un adolescente conflictivo de California que cambiaría los pleitos, el alcohol y el tabaco por una pista de atletismo. Su entusiasmo lo llevaría hasta los Juegos Olímpicos de Berlín 1936 y a convertirse en el mejor corredor de la Universidad del Sur de California.

Tras convertirse en estrella del tartán, el equipo de atletismo local, Zamperini se integró a la Armada, antes de Pearl Harbor, para combatir en la Segunda Guerra Mundial, en un bombardero B-24. Después de una misión de rescate, su avión cae en medio del océano Pacífico. Ocho de los once tripulantes murieron en el accidente. Sólo sobrevivieron el piloto y teniente Russel Allen Phillips, el artillero de cola y sargento Francis McNamara y el alférez Louis Zamperini, navegando dos mil millas en una balsa durante 47 días.

---

[10] http://www.abc.es/cultura/cine/abci-vida-jesse-owens-llega-cine-race-heroe-berlin-201604110214_noticia.html

Mac moriría en el intento. Zamperini y Phil fueron capturados por los japoneses y, por más de dos años, fueron prisioneros de guerra en Ofuna, un centro secreto de detención temporal en el que se interrogaba a los enemigos capturados. La mayoría perecía. Ahí, un militar japonés muy temido y conocido como *El Pájaro* (Mutsuhiro Watanabe) se encargó de hacerle la vida imposible al exatleta olímpico. Un militar sádico al que, años más tarde, no le importaría reconocer que sentía placer maltratando a los prisioneros.

Al término de la guerra, Zamperini regresaría a casa para vivir días oscuros, por las pesadillas, los pleitos de barrio y el alcohol. En 1949 su vida se transformaría, ya que Louis se convertiría en predicador del evangelio y conferencista motivacional durante los siguientes 65 años.

QUITARSE EL PESO

> Hebreos 12:1 "Por tanto, puesto que tenemos en derredor nuestro, tan gran nube de testigos, despojémonos también de todo peso y del pecado que tan fácilmente nos envuelve, y corramos con paciencia la carrera que tenemos por delante".

Louis Zamperini, el atleta, soldado, prisionero de guerra, héroe, motivador y evangelista, nos da un ejemplo claro del efecto de despojarse del peso que nos detiene. "La gente dice, en la balsa, debiste de haber alucinado. Tonterías. Estábamos más enfocados después de 47 días que el día que iniciamos, porque nuestra mente estaba vacía de toda la contaminación; nuestras mentes estaban limpias para llenarlas con buenos pensamientos. Cada día ejercitábamos nuestra mente.

SOLDADO COMPAÑERO DE MILICIA

> **FILIPENSES 2:25 "PERO CREÍ NECESARIO ENVIAROS A EPAFRODITO, MI HERMANO, COLABORADOR Y COMPAÑERO DE MILICIA".**

El énfasis está en llegar a ser compañero de milicia.

Llegar a ser compañero de milicia. Si alguna historia ilustra el compañerismo que nace en un grupo de soldados, a pesar de lo difícil que la preparación pueda ser, es la de Desmond Doss. Su fe firme en Dios, no le permitía portar y utilizar armas, sin embargo sus valores probaron ser mucho más valiosos para salvar vidas que cualquier arma de fuego.

El mandamiento, "NO MATARAS" se grabó en su mente, después de un evento de violencia en su casa que lo marca y resalta la importancia de un mandamiento y una promesa hecha a Dios.

Doss siendo aún joven y viendo a su alrededor a otros jovenes enlistarse en las fuerzas armadas, busco la forma más apropiada para poder servir, sin quebrantar su compromiso con Dios.

Sin embargo, su moral no le permitía tocar un arma. Con firmeza declaro siempre esto.

"Mientras todos estén quitando vidas, yo estaré salvándolas. Esta será mi manera de servir".

José Fernando Campos

Un objetador de conciencia era aquel que objetaba servir en las fuerzas militares por razones de su conciencia. A Doss lo categorizaron como Objetador de conciencia rechazó servir con armas de violencia. Optó por ser parte de la División 77ª de Infantería como parte del equipo médico. A pesar de tener derecho de portar armas para defenderse y que el resto de sus compañeros lo hacían, Doss nunca portó arma alguna.

Doss sufrió abuso, golpes, y el rechazo de sus compañeros a raiz de su determinación de ser un cooperador de conciencia, como él mismo se llamaba.

Frente a una batalla fuerte, en condiciones climáticas terribles, en la isla de Guam, enfrentándose a los Japoneses; el equipo médico al que Doss pertenecía sufrió un fuerte ataque. Uno a uno, en medio de la lluvia, el lodo y lo fuerte de la batalla, Doss salvó muchas de las vidas de sus compañeros.

A partir de entonces, Doss pasó a ser un héroe de guerra. El hombre del que antes se reían había demostrado ser más valiente que cualquier otro soldado de la 77ª División. Si no fuera por él, probablemente Estados Unidos hubiera salido mucho peor parado de la conquista de Guam.

Pero la guerra no había terminado.

Un año después, en mayo de 1945, su pelotón se desplazó hasta la isla de Okinawa. Aquí se libraría la llamada "Operación Iceberg", el mayor asalto de la Guerra del Pacífico. Y Doss, de nuevo, sorprendió a todos. Se negó a buscar refugio como el resto de sus compañeros y permaneció en el área de batalla hasta que esta concluyó.

Mientras tanto, salvó hasta 75 personas de una muerte prácticamente asegurada. Una a una, las llevó al borde de la colina donde se libraba el combate hasta que fueron transportadas por cuerdas hacia la salvación.

En un principio, quienes estaban allí estimaron que había salvado más de 100 vidas. Sin embargo, fruto de la humildad, Doss dijo que no superaría a las 50. Así que, para no desestimar la hazaña sin dejar de creer al

Los Principios del Centurión

doctor, los oficiales dejaron el número en 75. Setenta y cinco personas que deben su vida a un objetor de conciencia.[11]

Su lema en esa batalla fue "Una vida más Señor.....Salvemos una vida más." Desmond Doss.

---

[11] http://www.playgroundmag.net/noticias/historias/soldado-inspiro-pelicula-Mel-Gibson_0_1800419952.html

José Fernando Campos

Centurión

Un centurión era un soldado del ejército de Roma, sin embargo, los conceptos que se dejan ver en la Biblia, con respecto a ese trabajo, no cabe duda de que resultaron beneficiosos para aquellos centuriones que tuvieron un encuentro con Jesús. Definitivamente un principio del ejército es el poder que se alcanza en el grupo bien coordinado.

Existen seis centuriones en la Biblia, y cada uno de ellos estuvo estrechamente ligado a los acontecimientos que marcaron el cambio de la historia humana. El principal de ellos, La Crucifixión ¨. El número seis es número de hombre.

> *Apocalipsis 13:18 "Aquí hay sabiduría. El que tiene entendimiento, que calcule el número de la bestia, porque el número es el de un hombre, y su número es seiscientos sesenta y seis".*

Esto tiene por contexto:

> *Génesis 1:27 "Creó, pues, Dios al hombre a imagen suya, a imagen de Dios lo creó; varón y hembra los creó".*
> *v. 31b "Y fue la tarde y fue la mañana: el sexto día".*

Cada vez que se habla de seis, se habla de hombres en la biblia; de imperfección y de oposición, hay mucho más que podríamos hablar del número seis. Por eso, le coloco un lente (una lupa), al hecho de que existen seis centuriones, y nuestro enfoque en este libro será en aquel que estuvo presente en la crucifixión.

Los Principios del Centurión

Soldados Expertos en Batalla

Los centuriones, eran soldados distinguidos en el campo de batalla y que, por medio de sus actos heroicos y combativos, merecían el ascenso al grado. Eran jefes de cien hombres o de una centuria, como se le llamaba en aquel entonces. De ahí se deriva su nombre.

A. EL RECLUTAMIENTO

Hay cuatro tipos de personas que son insoportables en el reclutamiento:

Los Evadidos

> *Pero al oír el joven estas palabras, se fue triste, porque era dueño de muchos bienes.*

Mateo 19:16 -22 Y he aquí se le acercó uno y dijo: Maestro, ¿qué bien haré para obtener la vida eterna? Y Él le dijo: ¿Por qué me preguntas

acerca de lo bueno? *Sólo* Uno es bueno; pero si deseas entrar en la vida, guarda los mandamientos. Él le dijo: ¿Cuáles? Y Jesús respondió: NO MATARAS; NO COMETERAS ADULTERIO; NO HURTARAS; NO DARAS FALSO TESTIMONIO; HONRA A *tu* PADRE Y A *tú* MADRE; y AMARAS A TU PROJIMO COMO A TI MISMO. El joven le dijo: Todo esto lo he guardado; ¿qué me falta todavía? Jesús le dijo: Si quieres ser perfecto, ve y vende lo que posees y da a los pobres, y tendrás tesoro en los cielos; y ven, sígueme. Pero al oír el joven estas palabras, se fue triste, porque era dueño de muchos bienes.

Los evadidos son aquellos quienes parecerían poseer todas las cualidades y requisitos para un recluta, sin embargo al llegar el momento del compromiso, de dejar atrás sus propios intereses, prueba no ser apto pues evade el sacrificio y la entrega que los verdaderos soldados están dispuestos a hacer.

Los Desertores

> Salmos 78:9 "Los hijos de Efraín eran arqueros bien equipados, pero volvieron las espaldas el día de la batalla.

Jeremías 39:9 Y en cuanto al resto del pueblo que quedaba en la ciudad, a los desertores que se habían pasado a él, y los demás del pueblo que quedaban, Nabuzaradán, capitán de la guardia, *los* llevó cautivos a Babilonia.

En términos seculares, Napoleón Hill habla de los desertores de esta forma. Un desertor nunca gana y un ganador nunca abandona.-Napoleón Hill.

El Apóstol Pablo le escribe a Timoteo con respecto a quienes habían desertado, de aquellos que le dieron la espalda completamente, abandonándole en el momento de sus cadenas.

2 Timoteo 1:14 Guarda, mediante el Espíritu Santo que habita en nosotros, el tesoro que te ha sido encomendado. 15 Ya sabes esto, que todos los que están en Asia me han vuelto la espalda, entre los cuales están Figelo y Hermógenes. 16 Conceda el Señor misericordia a la casa de Onesíforo, porque muchas veces me dio refrigerio y no se avergonzó de mis cadenas,

Los Cobardes

> *Deuteronomio 20:8 "¿Quién es hombre medroso y de corazón apocado? Que salga y regrese a su casa para que no haga desfallecer el corazón de sus hermanos como desfallece el corazón suyo."*

El temor a perder ya sea posesiones, estatus o vida lleva a muchos a acobardarse en el momento de la prueba. Un soldado es llamado a permanecer firme a no retroceder. Un cobarde no podría formar parte de las filas de un ejército pues al huir por salvar su vida, estaría poniendo en riesgo la vida de sus demás compañeros. Juan 12:42-43 Sin embargo, muchos, aun de los gobernantes, creyeron en El, pero por causa de los fariseos no lo confesaban, para no ser expulsados de la sinagoga. Porque amaban más el reconocimiento de los hombres que el reconocimiento de Dios.

 *José Fernando Campos*

Traidores

> *1er. Samuel 14:33* "Entonces le contaron a Saúl: —Los soldados están pecando contra el Señor, pues están comiendo carne junto con la sangre. —¡Son unos traidores! —replicó Saúl".

Insoportable es la traición y aún más dentro del ejercito al cual todos nosotros hemos sido llamados. Nuestro Señor Jesucristo sabía quién de los suyos le traicionaría. Juan 6:64 Pero hay algunos de vosotros que no creéis. Porque Jesús sabía desde el principio quiénes eran los que no creían, y quién era el que le iba a traicionar.

Todo soldado es entrenado para guardar la paz y para el tiempo de guerra. Si hay alguien que ama la paz es un soldado pues solamente él sabe lo duro y sufriente que es el campo de batalla y todos los testimonios que se ven en la guerra. La mayor parte de todas las guerras nacieron en el campo político. El ejército solo obedece órdenes.

En el caso específico de la elaboración de este libro, en el presente capítulo estoy enfocando primeramente a groso modo, la cosmovisión de un soldado, así podremos tener un enfoque más amplio de la vida de un centurión, claro tomando en cuenta que hace más de 2000 años la vida de un miembro del ejército romano era aún más dura de lo que estoy relatando de la actualidad.

Cuando alguien se enlista en el ejército sea cual sea, hay que cumplir con requisitos y exámenes de todo tipo. Estos requerimientos tan altos se dan porque son el preámbulo de todos los sufrimientos que están por venir, cuando esté de comisión o en alguna asignación especial.

> **2ª Timoteo 2:3** *"Sufre penalidades conmigo, como buen soldado de Cristo Jesús".*

> **Penalidades** en griego se dice: **kakopadséo;** que significa: *atravesar, adversidad, aflicción, afligir, (sufrir) penalidad, soportar (aflicciones).*

Todo ministro o siervo de Dios, debe estar consciente que el camino es estrecho y las dificultades y aflicciones se presentan, y no cabe duda que por eso Pablo menciona a compañeros de milicia.

Dentro de las primeras lecciones que recibí cuando fui reclutado, es entender que había perdido algunos derechos. Por ejemplo, el derecho a libre locomoción; o sea que, a partir de ese momento alguien iba a dirigir mis pasos siempre que estuviera de servicio, y por lo tanto, ya no podía ir de un lado a otro, sino a donde mi autoridad me enviara.

Es muy importante el entender el poder de la delegación y la entrega de los despachos, con el objeto de comprender la misión y el sacrificio que esta representa. Estar dispuesto a entregar la vida heroicamente en cumplimiento de la tarea asignada.

Otro derecho que se pierde, es la libertad de expresión; puesto que mis intereses están totalmente ligados al de mi equipo de trabajo y a la institución a la que pertenezco. Por lo tanto, cualquier comentario u opinión nocivo para los intereses de la institución, equivale a suspensión, arresto o incluso dar de baja. Esto me recuerda un versículo muy poderoso en el camino de todo cristiano,

 *José Fernando Campos*

> *Romanos 12:16 "Tened el mismo sentir unos con otros; no seáis altivos en vuestro pensar, sino condescendiendo con los humildes. No seáis sabios en vuestra propia opinión".*

¿Cómo puede ser tan nocivo un punto de vista que puede destruir, retroceder o estancar el avance de un campamento? Por ejemplo, las palabras de aquellos espías...

Números 13:32 *"Y dieron un mal informe a los hijos de Israel de la tierra que habían reconocido, diciendo: La tierra por la que hemos ido para reconocerla es una tierra que devora a sus habitantes, y toda la gente que vimos en ella son hombres de gran estatura".*

40 Años fue la consecuencia de ese informe que condujo a un apocamiento y a un general espíritu de cobardía generalizado.

Por todo esto, Pablo, cuando tuvo una fuerte discusión con Bernabé por la vida de Juan Marcos, buscaba un compañero de milicia y a la hora del reclutamiento, el joven discípulo no cumplía con los requisitos del llamado; sin embargo, para el Apóstol de la consolación, (Bernabé), su visión era restaurarlo y entregarlo con nuevas convicciones.

Es en **Hechos 15:37** donde dice: *"Bernabé quería llevar también con ellos a Juan, llamado Marcos, pero Pablo consideraba que no debían llevar consigo a quien los había desertado en Panfilia y no los había acompañado en la obra".*

Se produjo un desacuerdo tan grande que se separaron el uno del otro. Juan Marcos era un desertor para Pablo.

Los Principios del Centurión

> ***Afístemi:*** instigar a la revuelta, desistir, desertar, etc., llevar, apartar, apostatar.

Por regla de milicia, en el reclutamiento, se llevan a cabo pruebas de tal exigencia que instan a que se manifieste las intenciones de los desertores; con el fin de que, en el campo de batalla, no se vaya a dar una situación que ponga en peligro a toda la fuerza de combate. En el ámbito espiritual es aún más peligroso, puesto que ahí no se les llama desertores, sino apóstatas.

José Fernando Campos

B. LA VOZ DE MANDO

Hay muchas cosas que un ex soldado recuerda; momentos difíciles en diferentes tipos de asignamientos militares. Pero hay algo que no se olvida, ¡los gritos de los Sargentos de pelotón de compañía o de batallón! cada uno con rasgos tan particulares, expertos del ejército, encargados de toda la tropa y principalmente con un poder para mover a todo un regimiento. Técnicamente un Sargento de compañía equivale a un Centurión Romano. Me viene a la mente el versículo más significativo del arrebatamiento de la Iglesia.

> 1ª Tesalonicenses 4:16 *"**Pues el Señor mismo descenderá del cielo con voz de mando, con voz de arcángel y con la trompeta de Dios, y los muertos en Cristo se levantarán primero**".*

No cabe duda que el poder se emana de la voz de mando.

> En griego *kéleuma*, *grito* de incitación: voz. Esta palabra es derivada de **Keleúo**, que quiere decir: vitorear, incitar por palabra, i.e. ordenar: mandar, mandato, ordenar.

Así como los gritos de un sargento puede llevar a un pelotón al máximo de su rendimiento, así esta voz de mando en el ámbito espiritual te puede llevar a la dimensión de lo imposible y de lo que jamás pensaste que podrías lograr en el camino del Señor. Por ejemplo:

MANDATO DE CAMINAR SOBRE LAS AGUAS.

Mateo 14:28 "Respondiéndole Pedro, dijo: Señor, si eres Tú, mándame que vaya a Ti sobre las aguas".

MANDATO DE RECIBIR PROVISIONES.

Mateo 14:19 "Y ordenando a la muchedumbre que se recostara sobre la hierba, tomó los cinco panes y los dos peces, y levantando los ojos al cielo, bendijo los alimentos, y partiendo los panes, se los dio a los discípulos y los discípulos a la multitud.

MANDATO A ATENDER A LOS NECESITADOS

Lucas 18:40 "Jesús se detuvo y ordenó que se lo trajeran; y cuando estuvo cerca, le preguntó: ¿Qué deseas que haga por ti? Y él dijo: Señor, que recobre la vista".

Es tan poderoso el don de mando, que puede ser utilizado para el bien como para hacer el mal. En la lucha de fuerzas espirituales los ministros pueden ser beneficiados por las órdenes de vida, como también, pueden ser perjudicados por órdenes de muerte.

Creo firmemente que el efecto multiplicador y beneficioso de la voz de mando en nuestra vida, es el valor a la obediencia y a aquel que nos recluto como soldados.

 *José Fernando Campos*

> *2ª Timoteo 2:4 "Ningún soldado en servicio activo se enreda en los negocios de la vida diaria, a fin de poder agradar al que lo reclutó como soldado".*

La obediencia juega un papel vital en nosotros, si deseamos ver el efecto de la voz de Cristo en nuestra vida. También debemos conocer cómo son las órdenes del mundo de las tinieblas

Ejemplos:

EL CASO DE PEDRO EN LA CÁRCEL.

Hechos 12:19 "Y Herodes, después de buscarlo y no encontrarlo, interrogó a los guardias y ordenó que los llevaran para ejecutarlos".

LA ORDEN SOBRE LA CABEZA DE UN MINISTRO.

Marcos 6:27 "Y al instante el rey envió a un verdugo y le ordenó que trajera la cabeza de Juan".

La voz de mando puede cambiar el curso de las cosas, incluso el curso de la vida misma. Por todo esto, en lo espiritual, debemos ser muy entendidos y ser llevados a la obediencia.

Los Principios del Centurión

> *2ª. Corintios 10:3-6 Pues, aunque andamos en la carne, no luchamos según la carne; porque las armas de nuestra contienda no son carnales, sino poderosas en Dios para la destrucción de fortalezas; destruyendo especulaciones y todo razonamiento altivo que se levanta contra el conocimiento de Dios, y poniendo todo pensamiento en cautiverio a la obediencia de Cristo, y estando preparados para castigar toda desobediencia cuando vuestra obediencia sea completa.*

Estamos librando una batalla contra oponentes poderosos, debemos portarnos como siervos bajo autoridad, sometidos a la voluntad del Espíritu Santo y a nuestras autoridades espirituales.

 *José Fernando Campos*

C. EL TOQUE DE TROMPETA

> *1ª. Corintios 14:8 "Porque si la trompeta da un sonido incierto, ¿quién se preparará para la batalla?".*

Hay algo que debe de ser muy claro en un ejército a la hora de la batalla, y eso es, el objetivo. No podemos ir en incertidumbre, ni no tener en claro las consecuencias de poder avanzar en campo enemigo. En el aspecto espiritual sucede exactamente lo mismo. No debemos por ningún motivo hacer las cosas sin estar plenamente convencidos de lo que se va a lograr; porque de lo contrario, el doble ánimo, la falta de fe, de perseverancia y demás problemas similares, nos podrían hacer retroceder en el momento crucial de la batalla.

El Apóstol Pablo cita en 1ª Corintios 9:26 la siguiente frase: "***Por tanto, yo de esta manera corro, no como sin tener meta; de esta manera peleo, no como dando golpes al aire***".

La palabra clave, tanto en el versículo de la trompeta como en el de la carrera, es:

> INCIERTO O INCERTIDUMBRE;
> en griego se dice *ádelos* (G82) escondido, a la ventura, que no se ve, incierto.

Y para ampliarlo más, observemos otras versiones del mismo versículo.

(B-C1957) "*Yo, pues, así corro, no como a la aventura; así lucho en el pugilato*".

(Castillian) "*En consecuencia, así es como corro yo, no como a la buena de Dios*".

(CJ) "*Así pues, yo corro, no como a la ventura...*".

(Jünemann) "*Yo, por tanto, así corro, como no ocultamente...*".

(OSO) "*Así que, yo de esta manera corro, no como a cosa incierta...*".

(DHH C 2002) "*En cuanto a mí, no corro a ciegas...*".

(BLS) "*Yo me esfuerzo por recibirlo. Así que no lucho sin un propósito*".

(PDT) "*Por eso yo no corro sin una meta, ni peleo como los boxeadores que sólo dan golpes al aire*".

Creo que todas estas versiones dejan en claro que debemos saber lo que hacemos, por qué lo hacemos y a donde nos va a llevar.

La trompeta es un instrumento que poco a poco va desapareciendo de los grupos contemporáneos de alabanza, y con autoridad puedo decir que eso es nocivo; si comprendemos la trascendencia profética, espiritual y de lucha que esto representa para el pueblo de Dios.

En toda la Biblia, el instrumento que se oye por primera vez, es la trompeta; y el último instrumento que se toca, es la trompeta. Por lo tanto, es de observar detenidamente todo lo que se alcanza en un nivel espiritual con este sonido tan hermoso.

José Fernando Campos

En cada uno de los regimientos militares, se escucha a determinadas horas el sonido de trompeta. Esto se debe a que toda la formación de las compañías o del batallón con sus respectivos pelotones, se hace por medio del sonido de una trompeta.

Esto quedó como una antigua costumbre a la hora de la batalla o de formación para convocar al ejército; los oídos debían de estar afinados al sonido de la misma. Cosa contraria, se romperían filas o simplemente no habría convocatoria.

Actualmente se usa a la hora de la batalla, radios, transmisores y otro tipo de comunicación. Lo que importa en este momento es que sepas cuán importante es entender este sonido en el ejército.

Con trompetas

SE DERRIBARON MURALLAS

> *Josué 6:20 Entonces el pueblo gritó y los sacerdotes tocaron las trompetas; y sucedió que cuando el pueblo oyó el sonido de la trompeta, el pueblo gritó a gran voz y la <u>muralla</u> se vino abajo, y el pueblo subió a la ciudad, cada hombre derecho hacia adelante, y tomaron la ciudad.*

SE VENCIÓ LA INCONSTANCIA DEL PUEBLO

> *Josué 6:3,4 Marcharéis alrededor de la ciudad todos los hombres de guerra rodeando la ciudad una vez. Así lo harás por seis días. Y siete sacerdotes llevarán siete trompetas de cuerno de carnero delante del arca; y al séptimo día marcharéis alrededor de la ciudad siete veces, y los sacerdotes tocarán las trompetas.*

Los Principios del Centurión

SE ABRIERON LAS CÁRCELES Y SE RECUPERARON HERENCIAS; SE PROCLAMÓ LIBERTAD.

> **Levítico 25:9,10** "Entonces tocarás fuertemente el cuerno de carnero el décimo día del séptimo mes; en el día de la expiación tocaréis el cuerno por toda la tierra. Así consagraréis el quincuagésimo año y proclamaréis libertad en la tierra para todos sus habitantes. Será de jubileo para vosotros, y cada uno de vosotros volverá a su posesión, y cada uno de vosotros volverá a su familia".

LIBERTAD DE LA ESCLAVITUD DE EGIPTO

> **Éxodo 19:19** "El sonido de la trompeta aumentaba más y más; Moisés hablaba, y Dios le respondía con el trueno".

Y así hay muchas otras citas que mencionan la importancia y trascendencia de este instrumento. Hace unos años, salió una producción cinematográfica llamada "Los 300". El Rey Leónidas, al mando de 300 hombres, entrenados en las más rigurosas disciplinas de la guerra; hacen frente a un ejército comandado por el rey persa Jerjes. No cabe duda que aquí se ve el coraje, el valor, la determinación, el sentido de libertad y el derecho a defenderla; y muchas otras virtudes y honores de este pequeño grupo. Es admirable ver cómo se enfrentan, y el coraje que demuestran hasta el último momento.

Pero cuando vemos a la luz de la palabra todo esto, queda realmente pequeño e insignificante comparado con los 300 de Gedeón. Hombres fieles, creyentes en la fortaleza del Dios vivo, conscientes de sus debilidades, y sin entrenamiento, ni armas poderosas; pero, con una fuerte convicción en su corazón de que El que los había convocado era el invencible, el Todopoderoso, el que nunca ha conocido la derrota. Ahora, si lo amparamos con la Biblia, me permito mencionar algunas citas:

 José Fernando Campos

Eclesiastés 9:11 "Vi, además, que, bajo el sol, no es de los <u>ligeros</u> la carrera, ni de los valientes la batalla; y que tampoco de los sabios es el pan, ni de los entendidos las riquezas, ni de los hábiles el favor, sino que el tiempo y la suerte les llegan a todos.

Todavía diabólicamente surge la pregunta, ¿en donde está el secreto de tu gran fuerza y como puedo hacer para poderte someter?
Hay Dalilas, preguntando para debilitar a los siervos de Dios, a los valientes de Jehová.

Hay que responder como Ezequías:
2ª. Crónicas 32:8 "Con él está sólo un <u>brazo de carne</u>, pero con nosotros está el SEÑOR nuestro Dios para ayudarnos y pelear nuestras batallas. Y el pueblo confió en las palabras <u>de</u> Ezequías, rey <u>de</u> Judá".

Sé que la trompeta de Dios, sonará en tu vida y tus mismos enemigos cuando te miraban más débil y más vulnerable, no sabían que en el Señor está tu refugio y Él hará que entre ellos mismos se maten.

Jueces 7:20-22 "Cuando las tres compañías tocaron las <u>trompetas</u>, rompieron los cántaros, y sosteniendo las antorchas en la mano izquierda y las <u>trompetas</u> en la mano derecha para tocarlas, gritaron: ¡La espada del SEÑOR y de Gedeón! Cada uno se mantuvo en su lugar alrededor del campamento; y todo el ejército echó a correr gritando mientras huían.
Cuando tocaron las trescientas trompetas, el Señor puso la espada del uno contra el otro por todo el campamento; y el ejército huyó.

La trompeta para mí, representa varias palabras dentro del "Ejercito de Dios".

Los Principios del Centurión

MISIÓN

Jueces 6:34 Y el Espíritu del Señor vino sobre Gedeón, y éste tocó la trompeta y los abiezeritas se juntaron para seguirle.

Muchos, en estos días, alardean de su visión, enuncian planes grandiosos que nunca pueden cumplir y no se van a realizar. Para mí, lo veo de una manera más fácil; tu visión puede ser pequeña, pero lo importante es que se cumpla. Por eso creo que la Misión tiene un papel mucho más importante en la realización de mis planes.

En el ejército, los soldados no poseen su propia visión, siguen una misión basada en planes y/o proyectos de otro o de otros. En el campo espiritual, ya poseemos una visión clara y precisa, y nuestra misión es hacerla realidad. Jesús hablo a sus discípulos sobre la realización de la misión que es evangelizar y hacer discípulos a cuanta criatura se pueda. Para realizarlo se necesita del poder del Espíritu Santo, porque es imposible hacerla en la carne; debemos ser guiados por Él.

Estamos librando una guerra contra el reino de las tinieblas; y a continuación voy a citar frases de soldados distinguidos y algunos pensadores, que, aunque no son cristianos algunos de ellos, nos dan una perspectiva humana de lo que se piensa y se cree de la guerra y sus propósitos.

> *"Deberíamos defender nuestra isla, sea cual sea el coste, debemos luchar en las playas, debemos luchar en los campos de aterrizaje, debemos luchar en las colinas, nunca nos debemos rendir". -Winston Churchill.*

En pleno inicio de la segunda Guerra Mundial, Inglaterra se veía amenazada por el avance de Hitler. Sin embargo, contaban con un hombre tan definido en sus convicciones que no los dejó avanzar y tomar el

país. Su misión era defender a toda costa su patria; instó a los británicos a una gran misión: **¡Defenderse y pelear a toda costa!**

Nosotros, como hijos de Dios, debemos valorar nuestra victoria en la cruz del calvario y asegurar en nuestros corazones el amor de nuestro Señor al vencer a la muerte al tercer día. Pelearemos por la santidad y perfeccionamiento de nuestras almas a toda costa. Defenderemos el privilegio de ser llamados hijos de Dios.

Los centuriones, conociendo el valor de la batalla, nos dejaron principios que debemos de imitar.

Respeto

> *Éxodo 19:16* "Y aconteció que, al tercer día, cuando llegó la mañana, hubo truenos y relámpagos y una densa nube sobre el monte y un fuerte sonido de trompeta; y tembló todo el pueblo que estaba en el campamento.

En la sociedad en que vivimos, nos damos cuenta de tanta fragmentación e injusticia, que muchas veces expresamos: ¿Hasta cuando se podrá aguantar la situación?

Los hijos no tienen respeto por los padres, los padres abusan continuamente de sus hijos; hay divorcio, aborto, desvíos sexuales, etc.

El concepto de Respeto se ha ido perdiendo cada vez que surge una nueva generación y nos vemos muchas veces imposibilitados a resolver nuestro problema. De ahí, precisamente, surge el clamor, surge la oración y la clara necesidad de tener un contacto con Dios.

Él quiere comunicarse con nosotros y trasladar Su mensaje tal cual lo hizo con Moisés. ¿Pero, habrá oídos para escuchar, corazón para temer y respetar Su voz, obediencia para seguirle?

> *La paz no se puede mantener por la fuerza. Solo puede ser conseguida por el entendimiento. -Albert Einstein.*

El respeto es un vínculo que nos lleva a la paz, sin embargo, no se alcanza cuando no hay entendimiento. El mensaje de Dios nos provee de salvación y fe. Pero no se alcanza la santidad sin la negación de uno mismo y el sometimiento de nuestra alma. Para eso se necesita obediencia, la primera lección de un soldado.

Para obedecer se necesita saber oír

- **Apocalipsis 2:7** El que tiene oído...
- **Apocalipsis 2:11** El que tiene oído...
- **Apocalipsis 2:17** El que tiene oído...
- **Apocalipsis 2:29** El que tiene oído...
- **Apocalipsis 3:6** El que tiene oído...
- **Apocalipsis 3:13** El que tiene oído...
- **Apocalipsis 3:22** El que tiene oído...

¡Es tan importante oír! El mensaje del Espíritu a la Iglesia es ese, **TENER OIDOS**.

- ~El que oye y cree, es aquel soldado que nunca le faltará la fe. Pasará de muerte a vida.

Juan 5:24 "En verdad, en verdad os digo: el que oye mi palabra y cree al que me envió, tiene vida eterna y no viene a condenación, sino que ha pasado de muerte a vida".

- ~El que oye y aprende, es aquel soldado que ha sido preparado y equipado para estar siempre del lado de su autoridad.

Juan 6:45 "Escrito está en los profetas: 'Y todos serán enseñados por Dios'. Todo el que ha oído y aprendido del Padre, viene a mí".

- ~El que oye y entiende, es aquel soldado que puede enfrentar al maligno.

Mateo 13:19 "A todo el que oye la palabra del reino y no la entiende, el maligno viene y arrebata lo que fue sembrado en su corazón".

- ~El que oye y práctica, es aquel soldado de Cristo en plena acción. Y agrego que, hay soldados para tiempo de guerra y para tiempo de paz. Y cuando la lucha cesa, la edificación comienza.

MATEO 7:24 "Por tanto, cualquiera que oye estas palabras mías y las pone en práctica, será semejante a un hombre sabio que edificó su casa sobre la roca".

- ~El soldado que guarda en su corazón los principios recibidos, será para toda la vida un fiel servidor y no será juzgado sino será salvado.

Juan 12:47 "Si alguno oye mis palabras y no las guarda, yo no lo juzgo; porque no vine a juzgar al mundo, sino a salvar al mundo".

Jesús dijo: Lucas 6:35 "Antes bien, amad a vuestros enemigos, y haced bien, y prestad no esperando nada a cambio, y vuestra recom-

Los Principios del Centurión

pensa será grande, y seréis hijos del Altísimo; porque Él es bondadoso para con los ingratos y perversos".

> *"Destruyo a mis enemigos cuando los hago mis amigos". -Abraham Lincoln.*

Necesitamos un toque de trompeta que nos despierte a un ambiente de respeto, paz y temor de Jehová.

Avanzada

> *Jueces 7:18 "Cuando yo y todos los que estén conmigo toquemos la trompeta, entonces también vosotros tocaréis las trompetas alrededor de todo el campamento, y decid: 'Por el Señor y por Gedeón'".*

Hay órdenes que parecerían absurdas, pero llevan la clave de avance y conquista. Cuando uno no desprecia la orden dada, puede obtener grandiosos resultados. Aun en las condiciones más adversas, donde la experiencia no cuenta; el valor y el número de soldados, la debilidad de tu ejército no está precisamente supeditada al triunfo; porque hay algo muy poderoso que tienes que se llama respaldo, y cuando viene de Dios, es imposible que pierdas.

En la guerra, la infantería es respaldada por la caballería y artillería. En el ejército, suele decirse una frase "LAS MEJORES ARMAS DE UN INFANTE SON LOS PIES". Esto, en los espiritual, lo comprendemos porque el avance de la predicación del reino de los cielos, está a cargo de

los evangelistas, y de aquellos cuyos pies son hermosos, porque anuncian la paz del evangelio.

> *Hay momentos cuando un soldado debe tomar una vida, incluso cuando no entiende porqué. Las órdenes pueden no tener sentido, así es cuando eres soldado.*
> *Frases de Hiromu Arakawa*

2ª Reyes 6:15-17 "Por la mañana, cuando el criado del hombre de Dios se levantó para salir, vio que un ejército con caballos y carros de combate rodeaba la ciudad. —¡Ay, mi señor! —exclamó el criado—. ¿Qué vamos a hacer? No tengas miedo —respondió Eliseo—. Los que están con nosotros son más que los que están con ellos. Entonces Eliseo oró: 'Señor, ábrele a Guiezi los ojos para que vea'. El Señor así lo hizo, y el criado vio que la colina estaba llena de caballos y de carros de fuego alrededor de Eliseo.

Cuando Dios te respalda, no hay nada ni nadie que te pueda hacer frente. Sé un soldado lleno de fe, y que la trompeta de Dios suene en tu boca como sonido de victoria y en tus enemigos haya confusión.

Maestría, formación, preparación y entrenamiento

> *Nehemías 4:18* "Cada uno de los que reedificaban tenía ceñida al lado su espada mientras edificaba. El que tocaba la trompeta estaba junto a mí".

No cabe duda, la construcción de una muralla, era de suma importancia para los reinos de la antigüedad; de tal forma que, una ciudad sin murallas era una ciudad indefensa. Nosotros como casa espiritual, debemos edificar nuestras murallas, para no ser atacados.

Proverbios 25:28 *"Como* **ciudad invadida** *y* **sin murallas es el hombre que no domina su espíritu".**

¿Cómo podemos gobernar nuestro espíritu?
Por medio de la formación de Cristo en nosotros, esto solo se logra a través de:

- El entendimiento de la palabra.
- Ser gobernados por autoridades espirituales.
- Saber y entender el tiempo y las sazones de Dios sobre nuestra vida.

Si nosotros no aplicamos estos principios a nuestra vida espiritual y ministerial, llega el momento en que nos convertimos en abortos espirituales. La vida de un soldado y los rangos que alcanza se basan en solo un principio FORMACIÓN. Nuestra vida misma empieza en el vientre, llegando después de nueve meses a nuestra primera etapa formativa. Pero los que no la alcanzan son tomados en la mayoría de veces como abortos.

Debemos saber que la obra de Dios en nosotros, es precisamente, que se forme Su Hijo en nosotros, y no cabe duda, es la mejor muralla y es el símbolo que indica que nuestro espíritu tiene gobierno.

***Eclesiastés 11:5** "Como no sabes cuál es el camino del viento, o cómo se forman los huesos en el vientre de la mujer encinta, tampoco conoces la obra de Dios que hace todas las cosas".*

 *José Fernando Campos*

Todo ministro sufre porque sus hijos sean formados, sin embargo, se sufre más por aquellos que no se dejan o que retroceden en el proceso que llevaban.

Gálatas 4:19 *"Hijos míos, por quienes de nuevo sufro dolores de parto hasta que Cristo sea formado en vosotros".*

Cuando un soldado no se deja formar, pasa a las filas de los insubordinados o rebeldes. Esto implica castigo, arresto o darle de baja. En conclusión, no terminó su formación.

En el campo ministerial, cada uno de los ministros cuando no tienen un adecuado tiempo de formación ministerial, se pueden comparar con abortivos.

Ejemplos:

El caso de Pablo.

> **1ª. Corintios 15:8,9** *"y al último de todos, como a un abortivo, me apareció a mí. Porque yo soy el más pequeño de los apóstoles, que no soy digno de ser llamado apóstol, porque perseguí a la iglesia de Dios.*

Éste es un caso muy particular, puesto que quien lo llamó fue el Señor, y Él no se equivoca; sin embargo, Pablo se consideraba sin una formación completa. Creo que, como siervos, deberíamos tomar esta actitud para tener el anhelo de aprender más y también de crecer. Saber que siempre las enseñanzas nos ayudan a crecer.

- Uno que andaba liberando (pensaría que era un evangelista ambulante).

Marcos 9:38 *"Juan le dijo: Maestro, vimos a uno echando fuera demonios en tu nombre, y tratamos de impedírselo, porque no nos seguía".*

A mí no me cabe la menor duda que él no tenía una formación adecuada; porque el Señor dice: 'Separados de mí, nada podéis hacer". Pero, creo que, aun así, Dios le permitía llevar a cabo la misión.

Marcos 9:39 *"Pero Jesús dijo: No se lo impidáis, porque no hay nadie que haga un milagro en mi nombre, y que pueda enseguida hablar mal de mí. Pues el que no está contra nosotros, por nosotros está".*

El testimonio de Job

Hay un personaje que a muchos impacta su vida, y es el testimonio de Job. En un momento de prueba muy grande él expresó:

> **Job 3:16** *"O como aborto desechado, yo no existiría, como los niños que nunca vieron la luz".*

Cuantas veces nos han desechado o nos han hecho sentir que no tenemos ningún valor. A veces las personas más cercanas hacen esto, y qué terrible es que a quien uno ama se pueda comportar de esa manera.

Salmos 41:9 *"Aun mi íntimo amigo en quien yo confiaba, el que de mi pan comía, contra mí ha levantado su calcañar".*

Nosotros, como ovejas, necesitamos un pastor para ser consolados en el tiempo de angustia; pero la formación que se alcanza en tiempos difíciles es incomparablemente más poderosa en relación con

aquella que solo fue aprendida. Una persona que no se deja pastorear, lamentablemente termina como un aborto espiritual.

Dice el rey Josafat: "Confiad en vuestros profetas y alcanzaréis la victoria"

Job 3:11,12 *"¿Por qué no morí yo al nacer, o expiré al salir del vientre?, ¿Por qué me recibieron las rodillas, y para qué los pechos que me dieron de mamar?*

Cuando una persona carece de formación profética, uno de los síntomas es que no sabe y desconoce cuál es su propósito en la vida espiritual que lleva. Luego, al no saber para qué vino a la tierra, sus hechos no concluyen en una meta, y sus planes son abortados.

En el ejército se enseña que el valor, honor, coraje, persistencia, insistencia, consistencia y resistencia, logran que los objetivos sean alcanzados. Por todo esto debemos anhelar ser nutridos y sustentados con leche espiritual.

Oseas 9:14 "Dales, oh Señor, ¿qué les darás? Dales matriz que aborte y pechos secos".

La falta de maestro, o sea, la falta de doctrina no te permite avanzar en el camino de Dios; de tal forma que se va quedando atrás y no puede avanzar más allá de los rudimentos del evangelio, y pasar a cosas más profundas.

Hebreos 5:12 "Pues, aunque ya debierais ser maestros, otra vez tenéis necesidad de que alguien os enseñe los principios elementales de los oráculos de Dios, y habéis llegado a tener necesidad de leche y no de alimento sólido".

Fueron abortados en su formación como maestros de la palabra.

Por último, el mismo vientre es una cobertura formativa, y muchos en el cosmos espiritual, aunque reconocen autoridad y cobertura de palabra, sus acciones demuestran lo contrario.

Jeremías 20:17,18 "¿Por qué Dios no me dejó morir en el seno de mi madre? Así ella habría sido mi tumba, y yo jamás habría salido de su vientre. ¿Por qué tuve que salir del vientre sólo para ver problemas y aflicción, y para terminar mis días en vergüenza?"

Aquí Jeremías está rechazando la formación y desea morir, me doy cuenta que él mismo desea ser abortado de la misión que Dios le encomendó.

Cuantas veces por no concluir lo que tenemos que hacer, nos colocamos en este punto tan nefasto.

A continuación, te expongo unas palabras a un soldado. Espero que te exhorten a participar en las filas del ejército más poderoso que existe, el de Dios.

"¡Quiero decirte tantas cosas! Pero las he olvidado casi todas. Quiero decirte que un soldado renuncia a mucho para recibir algo. Desde el día de su nacimiento, cada circunstancia, cada ley, orden y derecho, enseñan al hombre a proteger su propia vida. Desde su más tierna edad, está dotado de éste gran instinto; y la vida no hace sino confirmarlo. Pero luego se convierte en un soldado, y debe aprender a violar todas estas enseñanzas. Debe aprender fríamente a ponerse en situación de perder su propia vida sin volverse loco. Y si eres capaz de hacerlo, (muchos, fíjate bien, ¡no pueden!), entonces poseerás el mayor don de todos."[12]

---

[12] *Frases de John Steinbeck*
http://www.frasesypensamientos.com.ar/autor/john-steinbeck.html

> En la preparación para la batalla, los planes son inútiles, pero la planificación es indispensable. -Dwight D. Eisenhower.

Autoridad

> **1er. Reyes 1:34** *"Que allí el sacerdote Sadoc y el profeta Natán lo unjan como rey sobre Israel; y tocad trompeta y decid: '¡Viva el rey Salomón!'"*.

Después de tantas traiciones, complots y diferentes artimañas políticas para derrocar al rey David, al final de los días del dulce cantor de Israel, su hijo Salomón, asciende al trono. Me deja impresionado el poder y la autoridad investida en un momento sobre el heredero y a partir de ese momento él tiene que realizar cambios para ejercer su gobierno y clamar porque se dé el respaldo de Dios a su vida.

En los diferentes lugares donde se ejerce liderazgo, siempre hay un equipo. El principio de autoridad se desempeña mejor cuando hay un equipo que pueda apoyar al gobernante. Por eso el equipo que se forme debe tener estos conceptos muy arraigados en su mente.

Compromiso

> 2ª Corintios 11:3 *"Pero me temo que, así como la serpiente con su astucia engañó a Eva, vuestros pensamientos sean desviados de un compromiso puro y sincero con Cristo".*

Una desviación en los objetivos en medio de una batalla, puede producir una gran derrota y mucho más en el campo espiritual. He conocido muchos que empezaron corriendo y se fueron quedando estacionados o se volvieron atrás. El reino de los cielos debe ser arrebatado, y definitivamente, ¡tú puedes hacerlo! solo es que seas una persona comprometida como un buen soldado de Cristo Jesús.

Una de las características más notorias de una persona sin compromiso es que no respeta a su autoridad, sea cual sea, y en cualquier ámbito de desempeño.

> *El compromiso es lo que convierte una promesa en realidad.*
> *-Abraham Lincoln.*

Cuando estás rodeado de personas que comparten un compromiso apasionado en torno a un propósito común, ¡todo es posible!
-Howard Schultz.

 José Fernando Campos

Confianza

> *Proverbios 3:5 "Confía en el Señor de todo corazón, y no en tu propia inteligencia".*
> *Proverbios 16:20 "El que atiende a la palabra, prospera. ¡Dichoso el que confía en el Señor!"*
> *Salmos 40:4 "Cuán bienaventurado es el hombre que ha puesto en el Señor su confianza, y no se ha vuelto a los soberbios ni a los que caen en falsedad".*
> *Jeremías 17:7 "Bendito es el hombre que confía en el Señor, cuya confianza es el Señor".*

La palabra nos muestra que es maldito el hombre que confía en otro hombre; sin embargo, cuando leemos el original nos damos cuenta que son dos tipos de hombre, ya que, en hebreo, *hombre* se dice de distintas maneras.

Ampliándolo dice, maldito el Geber que confía en el Adán. O sea que, está hablando de un guerrero que confía en un hombre común. Esto nos dice mucho, porque cuando somos soldados de Cristo, debemos ser cautelosos, puesto que hay hombres que no poseen este corazón y a la hora de las pruebas, son precisamente los que son indignos de la confianza. Entendiendo esto, nos lleva a la conclusión que debemos ser confiables. Ganarnos el honor de que confíen en nosotros.

> *Proverbios 3:4 "Y hallarás gracia y buena opinión*
> *Ante los ojos de Dios y de los hombres".* [A]

A continuación, menciono frases de mujeres y hombres que han alcanzado éxito en diferentes ramas. Algunos de ellos no son cristianos.

Sin embargo, los coloco para que sepas que tú, como hijo de Dios, puedes hacer proezas, porque el Todopoderoso va adelante de ti y Él es quien te respalda.

El optimismo es la fe que conduce al logro. Nada puede hacerse sin esperanza y confianza. -Helen Keller.

La confianza viene de la disciplina y del entrenamiento. -Robert Kiyosaki.

Si todos hiciéramos las cosas que somos capaces de hacer, literalmente nos asombrarían a nosotros mismos. -Thomas Alva Edison.

Colaboración

Ninguna misión se podría llevar a cabo sin este elemento. Es esencial para la vida del equipo, y lo podemos observar en la importancia de estos versículos.

> *Amós 3:3 "¿Andan dos hombres juntos si no se han puesto de acuerdo?".*

Para trabajar, es necesario establecer acuerdos de cooperación y colaboración en el desempeño de la obra. Muchas veces en esta etapa, sale a relucir nuestro carácter, y es necesario que aprendamos a llevarnos con los demás.

> *Proverbios 27:17 "El hierro con hierro se afila, y un hombre aguza a otro".*

Es di-

José Fernando Campos

fícil encontrarse con gente de hierro, pero lo interesante de todo esto, es lo que se logra al cabo del tiempo. Un carácter definido y probado.

> *Nehemías 4:6 "Y edificamos la muralla hasta que toda la muralla estaba unida hasta la mitad de su altura, porque el pueblo tuvo ánimo para trabajar".*

Para Nehemías, Tobías, Sambalat y Gesen, el árabe; eran precisamente ese hierro que daría a luz el carácter y las cualidades al máximo del siervo de Dios. En tu camino te vas a encontrar con personas que solo desean que no se concreten tus sueños, que estorban el propósito de tu llamado. Pero tu corazón de guerrero, de soldado de Cristo, no permitirá que te vengas abajo. Seguirás adelante y concluirás lo que te has propuesto. Al final, tus enemigos quedaran asombrados de lo que Dios ha hecho por ti, y cómo te ha respaldado.

El talento gana partidos, pero el trabajo en equipo y la inteligencia, ganan campeonatos.-Michael Jordan.

Solos podemos hacer poco, juntos podemos hacer mucho. -Hellen Keller.

Es mejor tener una persona trabajando contigo, que tres personas trabajando para ti. -Dwight D. Eisenhower.

Coordinación

La coordinación nos habla de funciones específicas en un lugar determinado, proveyendo de energía a todas las demás partes de la institución para lograr un propósito en conjunto. Lo puedo ver de la siguiente forma: la colaboración es la energía misma y la coordinación es la estructura para que la energía sea bien canalizada.

> **Efesios 2:19-22** *"Así que, ya no sois extranjeros ni advenedizos, sino conciudadanos de los santos, y miembros de la familia de Dios, edificados sobre el fundamento de los apóstoles y profetas, siendo la principal piedra del ángulo Jesucristo mismo, en quien todo el edificio, bien coordinado, va creciendo para ser un templo santo en el Señor; en quien vosotros también sois juntamente edificados para morada de Dios en el Espíritu".*

Cuando Henry Ford implementó el sistema de producción en línea, su base principal se cimentó en la coordinación de las partes y una colaboración efectiva en la realización de un mismo fin.

TODOS TRABAJAN POR UN SOLO OBJETIVO Y META.

"Si todo el mundo está avanzando junto, entonces el éxito se encarga de sí mismo." – Henry Ford

"Juntarse es el principio, mantenerse juntos el progreso, trabajar en equipo es el éxito." – Henry Ford

"Ninguno de nosotros es tan inteligente como todos nosotros."
– Ken Blanchard

"Los buenos equipos incorporan el trabajo en equipo a su cultura, creando así los ladrillos para el éxito" – Ted Sundquist

Entendiendo el versículo y profundizando en el efecto de coordinación aplicado a los soldados de Cristo, es precisamente la esencia misma de la **sinergia**.

José Fernando Campos

Levítico 26:8 "Cinco de vosotros perseguirán a cien, y cien de vosotros perseguirán a diez mil, y ante vosotros, vuestros enemigos caerán a filo de espada.

Cuando hacemos algo en una excelente coordinación, así también serán los resultados.

Lucas 10:1,2 "Después de esto, eligió el Señor otros setenta y dos discípulos, a los cuales envió delante de Él, de dos en dos por todas las ciudades y lugares adonde había de venir él mismo. Y les decía: La mies de la verdad es mucha, más los trabajadores pocos; rogad, pues, al dueño de la mies que envíe obreros a su mies".

Hagamos la obra de Dios con alegría y sencillez de corazón. Comprendamos que la AUTORIDAD, juega un papel importante en la colaboración y la coordinación

Comunicación

2ª. Corintios 13:10 "Por eso os escribo todo esto en mi ausencia, para que cuando vaya no tenga que ser severo en el uso de mi autoridad, la cual el Señor me ha dado para edificación y no para destrucción.

Es interesante cómo se concatena este elemento de *autoridad* con el mismo elemento en el toque de trompeta. Esto se debe a que la trompeta indica autoridad, y la voz que se transmite al batallón. La autoridad no se debe imponer primariamente, la deben de reconocer, sin embargo, a veces se hace necesario imponerla, dependiendo del nivel de obediencia del que escucha.

Aquí se manifiesta una relación descendente y una reacción ascendente.

Los hombres sabios, hablan porque tienen algo que decir; los necios porque tienen que decir algo. -Platón.

Lo más importante en la comunicación, es escuchar lo que no se dice.– Peter Drucker.

La forma en que nos comunicamos con otros y con nosotros mismos, determina la calidad de nuestras vidas. -Anthony Robbins.

En un regimiento de soldados, cada uno de los integrantes del pelotón, deben de estar prestos desde que son reclutas a la voz de mando y como se comunica. Cada vez que se lee la orden general del ejército; al finalizar se dice ¡COMUNIQUESE Y CUMPLASE! Si la orden a tu vida descendiera del cielo, en tu corazón debe estar la disposición a obedecer y respetar la autoridad.

No tengo miedo de un ejército de leones guiado por ovejas; tengo miedo de un ejército de ovejas guiado por un león. -Alejandro Magno.

El rey de Grecia, al decir esto, creo que estaba en parte hablando y en parte profetizando, ¡porque todos nosotros somos ovejas guiadas por el León de la tribu de Judá!

Zacarías 9:13 *"Porque entesaré a Judá como mi arco, y cargaré el arco con Efraín. Incitaré a tus hijos, oh Sion, contra tus hijos, oh Grecia, y te haré como espada de guerrero".*

 José Fernando Campos

Éxodo 19:19 "El sonido de la trompeta aumentaba más y más; Moisés hablaba, y Dios le respondía con el trueno".

La trompeta implica comunicación, ordenanzas y mucho más, como lo estamos explicando. Él se comunica continuamente con nosotros

Hebreos 1:1 "Dios, habiendo hablado hace mucho tiempo, en <u>muchas</u> ocasiones y <u>de muchas maneras</u> a los padres por los profetas, en estos últimos días nos ha hablado por su Hijo, a quien constituyó heredero de todas las cosas, por medio de quien hizo también el universo".

El hijo se comunica con voz de trompeta y explica mediante una proclama lo que va a hacer.

Lucas 4:18, 19 "El Espíritu del Señor está sobre mí, porque me ha ungido para anunciar el evangelio a los pobres. Me ha enviado para proclamar libertad a los cautivos, y la recuperación de la vista a los ciegos; para poner en libertad a los oprimidos; para proclamar el año favorable del Señor.

Él trae paz a tu vida atribulada, trae bendición en medio de tanta maldad que se mueve a tu alrededor. Solo Él puede romper todo tipo de carga y cadena de iniquidad. Él quiere que haya vida plena y de abundancia. Esto se lo comunicó a Moisés antes de que el pueblo se desenfrenara y luego, el hijo ya tratando con toda aquella generación torcida y perversa comunicó EL AÑO FAVORABLE DEL SEÑOR; el tiempo de bendición para tu vida. Hay tiempo de paz y tiempo de guerra, y ahora debemos pedirle al Señor que toque la trompeta de paz sobre nuestra vida, y que haya restitución del gozo y del reposo espiritual que tanto se necesita.

Los Principios del Centurión

Juan 14:27 "La paz os dejo, mi paz os doy; no os la doy como el mundo la da. No se turbe vuestro corazón, ni tenga miedo".

Mateo 24:7,8 "Porque la gente peleará uno contra otro; naciones harán la guerra una contra otra; habrá hambruna y terremotos en varias partes del mundo; todo esto será sólo el comienzo de los 'dolores de parto'".

El mundo pide paz, pero no la pide en base a los lineamientos de Dios. Sino en base a sus propios intereses. A continuación, esta frase de un líder que inspiró a muchos para poner fin a la segregación en EEUU. Con el tiempo, veremos si hubo fruto perdurable en lo que se logró, o volveremos a lo que la escritura profetiza:

Una nación que continúa año tras año gastando más dinero en defensa militar que en programas sociales, se están acercando a la perdición espiritual.
-Martin Luther King Jr.

No cabe duda que, al suprimir la oración en las escuelas, por medio de la terrible demanda que hizo Medellín O'hair, se cambió la atmósfera espiritual en EEUU, y luego para agravar la situación, el Dr. Benjamín Spock, lanzó la enseñanza de que era traumático corregir a los hijos con vara, como lo establece la Biblia. Solo estas dos decisiones fueron tan nocivas para la nación, se está levantando una generación que desconoce a Dios y por supuesto las prioridades del gobierno han ido cambiando de acuerdo a lo que consideran más necesario y eso a partir de los atentados a las Torres Gemelas, es la seguridad. Ahora el presu-

puesto de defensa es aún más alto que el de educación, y que programas sociales a nivel de nación.

Por todo esto, anhelemos el toque de trompeta donde el Señor nos diga vuestra lucha ha terminado.

LA TROMPETA DEL SEÑOR

Transformación

La Biblia habla de, en donde sembramos y cómo cosechamos.

> 1ª. Corintios 15:52 *"En un momento, en un abrir y cerrar de ojos, a la trompeta final; pues la trompeta sonará y los muertos resucitarán incorruptibles, y nosotros seremos transformados".*

1ª. Corintios 15:42-44 Así es también la resurrección de los muertos. Se siembra un cuerpo corruptible, se resucita un cuerpo incorruptible; se siembra en deshonra, se resucita en gloria; se siembra en debilidad, se resucita en poder; se siembra un cuerpo natural, se resucita un cuerpo espiritual. Si hay un cuerpo natural, hay también un cuerpo espiritual".

En estos versículos vemos una siembra en lo poco y una transformación a lo máximo. Entiendo con esto, que debe de haber transformación; cambiar de una forma limitada a una forma expansiva y gloriosa. Si esto no se hace, creo que la frase que sigue estará muy apegada a la raza humana. **Es necesario que le pidamos al Señor nuestra transformación y que Él nos lleve a niveles extraordinarios, incluso aquellos que pensamos que no podemos alcanzar.**

Tu máximo potencial se dará a conocer de acuerdo a cómo vayas dejando que se realice la transformación en ti. Ahora, si lo entendemos en un panorama más amplio, sabemos que la resurrección y la transformación de los cuerpos se dará en el momento del arrebatamiento.

No sé con qué armas se luchará en la III Guerra Mundial, pero la IV Guerra Mundial, será luchada con palos y piedras. -
Albert Einstein.

El fin de la humanidad se puede dar solo por culpa de la humanidad misma.

Don de mando

> **1ª. Corintios 14:8 "Porque si la trompeta da un sonido incierto, ¿quién se preparará para la batalla?"**

Las 300 trompetas sonaron y los fieles fueron llevados a la actitud de guerreros; sin embargo, ellos no pelearon cuerpo a cuerpo, el Señor sometió a sus enemigos poniendo confusión en sus corazones.

¡Qué tremenda victoria! utilizando armas proféticas, cántaros, antorchas y trompetas. El Señor te da estrategias de fe y solo los fieles pueden comprenderlas.

El supremo arte de la guerra es someter al enemigo sin luchar.
-Sun Tzu.

 *José Fernando Campos*

Vigilancia

> *Ezequiel 33:6* "*Pero si el centinela ve venir la espada y no toca la trompeta, y el pueblo no es advertido, y una espada viene y se lleva a uno de entre ellos, él será llevado por su iniquidad; pero yo demandaré su sangre de mano del centinela*".

El sentido de protección, saber cuidar, ser responsable, entender el valor de vigilar, de avisar para que el pueblo no sea sorprendido por un ataque. Cuando un soldado de Cristo, avisa de un ataque inminente, se le valora; porque sus ojos estuvieron siempre alertas para defender a sus hermanos cuando descansan. Una iglesia sin atalayas es una iglesia sin ojos.

El verdadero soldado no lucha porque odia lo que hay delante de él, sino porque ama qué hay detrás de él.
-G.K. Chesterton.

Resurrección

> *1ª. Tesalonicenses 4:16* "*Pues el Señor mismo descenderá del cielo con voz de mando, con voz de arcángel y con la trompeta de Dios, y los muertos en Cristo se levantarán primero*".

En una Guerra avisada no deberían haber muertos; sin embargo, los hay porque a veces se descuidan detalles tan pequeños que pensamos que no tienen importancia y son los que a la larga más valor tienen.

Volviendo a hablar del arrebatamiento, la voz de trompeta es la voz de mando, y la persona que no sabe obedecer y se comporta con un gran espíritu de rebelión, ¿¡Cómo podrá oír y obedecer a un mandato?!

Cuando analizamos la metáfora de los saltamontes, y nos la aplicamos a nosotros mismos, la voz de mando, convoca a ordenados, responsables, disciplinados y fieles. Personas en sus oídos entrenados para escuchar una orden.

Proverbios 30:27 "Los saltamontes, que, aunque no tienen comandante son tan ordenados y disciplinados como un ejército"'.

Es un grito, una orden imperante; sin derecho a la beligerancia de nuestros sentimientos y deseos. Solo hay que obedecerla. Los muertos incluso tendrán que oírla y desde sus sepulcros se levantarán.

> La palabra *orden* se dice en griego *keleusma* (κέλευσμα, G2752); llamada, convocatoria, grito de mando (relacionado con *keieuo*, véanse mandar, ordenar).

Ezequiel 37:4 – 14 "Entonces me dijo: Profetiza sobre estos huesos, y diles: 'Huesos secos, oíd la palabra del SEÑOR. Así dice el Señor Dios a estos huesos: 'He aquí, haré entrar en vosotros espíritu, y viviréis. 'Y pondré tendones sobre vosotros, haré crecer carne sobre vosotros, os cubriré de piel y pondré espíritu en vosotros, y viviréis; y sabréis que yo soy el SEÑOR'". Profeticé, pues, como me fue mandado; y mientras yo profetizaba hubo un ruido, y luego un estremecimiento, y los huesos se juntaron cada hueso con su hueso. Y miré, y he aquí, había tendones sobre ellos, creció la carne y la piel los cubrió, pero no había espíritu en ellos. Entonces Él me dijo: Profetiza al espíritu, profetiza, hijo

de hombre, y di al espíritu: "Así dice el Señor Dios: 'Ven de los cuatro vientos, oh espíritu, y sopla sobre estos muertos, y vivirán'". Y profeticé como Él me había ordenado, y el espíritu entró en ellos, y vivieron y se pusieron en pie, un enorme e inmenso ejército. Entonces Él me dijo: Hijo de hombre, estos huesos son toda la casa de Israel; he aquí, ellos dicen: "Nuestros huesos se han secado, y nuestra esperanza ha perecido. Estamos completamente destruidos." Por tanto, profetiza, y diles: "Así dice el Señor Dios: 'He aquí, abriré vuestros sepulcros y os haré subir de vuestros sepulcros, pueblo mío, y os llevaré a la tierra de Israel. 'Y sabréis que yo soy el SEÑOR, cuando abra vuestros sepulcros y os haga subir de vuestros sepulcros, pueblo mío. 'Pondré mi Espíritu en vosotros, y viviréis, y os pondré en vuestra tierra. Entonces sabréis que yo, el SEÑOR, he hablado y lo he hecho'--declara el SEÑOR."

Es por esto que el espíritu de rebelión opera de acuerdo con el príncipe de la potestad del aire y éste se manifiesta en los desobedientes.

Efe 2:1-3 "Y Él os dio vida a vosotros, que estabais muertos en vuestros delitos y pecados, en los cuales anduvisteis en otro tiempo según la corriente de este mundo, conforme al príncipe de la potestad del aire, el espíritu que ahora opera en los hijos de <u>desobediencia</u>, entre los cuales también todos nosotros en otro tiempo vivíamos en las pasiones de nuestra carne, satisfaciendo los deseos de la carne y de la mente, y éramos por naturaleza hijos de ira, lo mismo que los demás."

Existen diferentes tipos de desobedientes:

Al apóstol Pablo le preocupaba ser un desobediente a lo que se manifiesta desde los cielos.

Hechos 26:19 "Así que, rey Agripa, no fui <u>desobediente</u> a esa visión celestial".

Esto nos indica que se van a emitir las órdenes desde una atmosfera celestial, y debemos de estar atentos para ser guiados de acuerdo a lo que el Espíritu nos vaya mostrando.

Desobedientes aun cuando Dios les tendió la mano

> **Romanos 10:21** "En cambio, respecto de Israel, dice: "Todo el día extendí mis manos hacia un pueblo <u>desobediente</u> y rebelde".

No desaproveches el tiempo de tu visitación, cuando la misericordia de Dios se hace palpable a tu vida y el brazo extendido de Él te libra de tus peores enemigos. No vuelvas a estar con ellos, porque sus pies conducen a la muerte.

Desobedientes a los padres.

> **Deuteronomio 21:18-21** "Y, si alguno tuviere hijo <u>desobediente</u> y rebelde, que no oyere voz de padre y voz de madre, y le corrigieren, y no le escuchare; le cogerán su padre y su madre y le llevarán a los ancianos de su ciudad, y a la puerta del lugar; y dirá a los varones de su ciudad: «Este hijo nuestro desobedece y se rebela; no escucha nuestra voz; glotoneando borrachea y le apedrearán los varones de su ciudad con piedras, y morirá; y arrancarán lo malo de entre vosotros, y los demás, oyendo temerán".

José Fernando Campos

El espíritu de la desobediencia opera en la corriente de este mundo, se va manifestando de una manera exponencial en cada generación que se levanta, de tal forma que, la maldad se ha multiplicado y cada generación va mostrando un deterioro de los principios y las creencias divinas; esto conduce a generaciones más impetuosas y rebeldes separadas del concepto familiar y hogareño que nos lleva a tener una mejor clase de vida.

El divorcio, el aborto, los genocidios, homicidios, parricidios y demás males, se han ido proliferando a escalas impresionantes.

GI Generation (Nacieron entre 1901 y 1926)

Son la generación de la Primera y Segunda Guerra Mundial. Aprendieron el valor del trabajo en equipo y padecieron los estragos de la crisis económica generalizada y la Gran Depresión. Se destacaron por su conciencia colectiva, misma que engendró un profundo sentido nacionalista, así como por sus percepciones morales sobre el bien y el mal.

Silents (1927-1945)

Son los hombres y mujeres que nacieron justo en la brecha de la reconstrucción. Una generación con ideas de cambio y modernización. Comenzaron a asumirse como personas pacíficas y disfrutaron un periodo laboral prolongado.

Baby Boomers (1946- 1964)

Una generación postguerra. Es el periodo de los hippies y del consumismo a gran escala. Comenzaron a perder el sentido de "comunidad" y lo cambiaron por un enfático ensimismamiento profesional. Son la primera generación televisiva.

Generation X (1965- 1980)

La "Generación X" está caracterizada por el individualismo. Hijos de padres divorciados e inmersos en un mundo cada día más globalizado. Incomprendidos por las otras generaciones; emprendieron el camino de la Era Digital.

Millenials (1981-2000)

También denominados "Generación Y", los millenials son personas con grandes aspiraciones académicas. Conocieron desde pequeños el mundo globalizado y el más grande paradigma que presenciaron fue el emblemático 9/11. Hijos de padres optimistas, conocieron desde pequeños la computación y las comunicaciones digitales.

Boomlets (Nacieron después del 2001)

Esta generación pertenece al mundo de la información inmediata. Cuentan con computadora, televisión y teléfonos inteligentes y son, en gran medida, el nuevo blanco de las empresas que concentran sus esfuerzos en las plataformas digitales. Para ellos no existen las fronteras o brechas culturales. El presente blog fue tomado del internet y su escritor es Salvador Vega; el tema es "Las 6 generaciones vivientes y su impacto en la mercadotecnia.

Si nos damos cuenta cada una de estas generaciones va creando un distanciamiento en el concepto de familia, hogar, matrimonio y muchos de los fundamentos que constituyen la base social existente. Estamos enfrentando un colapso de una forma de vivir, y estamos siendo llevados a otra forma diferente de vivir; de una manera egoísta, centralizada en yo y a una separación de la fe en Dios. Y aún más colocando la fe en sí mismos como un concepto egocéntrico que lleva al enaltecimiento del yo y al alejamiento absoluto de Dios.

 *José Fernando Campos*

Desobedientes a la ley de Dios.

Isaías 30:9 "Porque pueblo <u>desobediente</u> son, hijos mendaces; los que no querían oír la ley de Dios".

¿Que es la ley y que es la gracia?
Salmos 19:7 "La <u>ley</u> del SEÑOR es perfecta, que restaura el alma".

Cada una de las leyes del Señor en nuestra vida, nos permiten determinar dos cosas: nuestro grado de obediencia y desobediencia, y lo que se necesita restaurar y mejorar.

Cuando esto sucede nos damos cuenta que no podemos, por nosotros mismos, agradar al Señor y cuando reconocemos nuestra actitud delante del Él, clamamos ayuda y nos acercamos confiadamente al trono de la gracia y la misericordia, para que, por el lavamiento por Su sangre en nuestra vida, salgamos justificados y no condenados.

Por esto, la ley y la gracia van de la mano. Los que operan en la dimensión de la desobediencia, no se apegan a esta bendición, y solo acarrean ira y su vida se va arruinando en lugar de ir de gloria en gloria.

Efesios 2:8,9 "Porque por gracia habéis sido salvados por medio de la fe, y esto no de vosotros, sino que es don de Dios; no por obras, para que nadie se gloríe".

Cuando uno es hijo de Dios, debe de ser un conocedor y amante de Su ley, y hay que meditar continuamente en ella tal como el Salmo 1 lo declara.

Los Principios del Centurión

1. *"Yo soy el Señor tu Dios. No tendrás dioses ajenos delante de mí". (Ex. 20:2,3)*
2. *"No te harás una imagen tallada ni ninguna semejanza de cosa que inclinarse ante ellas ni les darás culto". (v. 4,5)*
3. *"No tomarás el nombre del Señor tu Dios en vano". (v. 7)*
4. *"Acuérdate del día sábado para santificarlo. Seis días trabajarás y harás todos tus trabajos, pero el día séptimo es el sábado del Señor tu Dios". (v. 8,9)*
5. *"Honra a tu padre y madre". (v. 12)*
6. *"No matarás". (v. 13)*
7. *"No cometerás adulterio". (v. 14)*
8. *"No robarás". (v. 15)*
9. *"No darás falso testimonio contra tu prójimo". (v. 16)*
10. *"No codiciarás nada que sea de tu prójimo". (v. 17)*

1Juan 2:1 "Hijitos míos, os escribo estas cosas para que no pequéis. Y si alguno peca, <u>Abogado</u> tenemos para con el Padre, a Jesucristo el justo".

Aún más desobediente

2ª. Crónicas 28:22 "A pesar de haber sufrido tanto, el rey Ahaz fue aún más desobediente".

La desobediencia es cíclica y aumentativa, quiere decir, cada día se va incrementado en el ser interior y lleva al hombre a un total sentido de oposición a lo que es bueno agradable y perfecto   en este sentido te

aparte de la voluntad de Dios para tu vida. Hace que se rompa la relación con tu padre y te inutiliza como soldado de Cristo.

Cuantas personas hay que han perdido el gran privilegio de servir en la iglesia porque son desobedientes y no tienen cabida en los diferentes lugares donde podrían ser útiles.

Si este es tu caso acuérdate que un soldado uno de sus principales valores es la obediencia y el honor en el servicio. Te pido que recapacites y vuelvas en si para alcanzar los galardones que están reservados para ti de parte de tu Padre que tea ma.

La guerra terminaría si los muertos volviesen.
- Stanley Baldwin.

Cuando leo esta frase que tan cierta es cuando la aplicamos a lo espiritual. Si los que están muertos en sus delitos y pecados volviesen a nosotros, entonces la Guerra por las almas terminaría.

D. LOS UNIFORMES

UNIFORMACIÓN CONFORMACIÓN

Los tres uniformes

Para un soldado el uniforme es algo muy valioso, representa al ejército a donde pertenece, (SENTIDO DE PERTENECIA); significa **honor,** (PORTAR LAS INSIGNIAS); tu vida misma está supeditada al tipo de uniforme, (EN UN COMBATE EN LA SELVA EL CAMUFLAJE DE TU UNIFORME, TE PUEDE SALVAR LA VIDA). Todo buen soldado sabe que, el uniforme hay que ganarlo, (SE SUDA POR OBTENERLO).

En la Iglesia actual, se han obviado los uniformes, simplemente ha dejado de tener valor. Para mí, tiene un significado más complejo.

UNIFORME significa una sola forma; en lo espiritual es:

 ~ Te pareces a Jesús!!!

 ~ Eres como Él.

 ~ Andas con Él.

 ~ Lo sigues a Él.

José Fernando Campos

- ~ Hablas como Él.
- ~ Adoptaste Su forma.
- ~ TE UNIFORMASTE CON ÉL.

Lucas 22:56-60 "En eso, una sirvienta vio a Pedro sentado junto al fuego, y mirándolo fijamente dijo: —Este también andaba con Jesús. Pedro lo negó: —¡Mujer, yo ni siquiera lo conozco! Al poco rato, un hombre lo vio y dijo: —¡Tú también eres uno de los seguidores de Jesús! Pedro contestó: —¡No, hombre! ¡No lo soy! Como una hora después, otro hombre insistió y dijo: —Estoy seguro de que este era uno de sus seguidores, pues también es de Galilea. Pedro contestó: —¡Hombre, ni siquiera sé de qué me hablas! No había terminado Pedro de hablar cuando de inmediato el gallo cantó".

Pero esto representa un desafío para tu vida, puesto que Jesús te dice que te ajustes al uniforme de Él.

Filipenses 2:5-11"Piensen y actúen como Cristo Jesús. Esa es la misma manera de pensar que les estoy pidiendo que tengan". TIENE LA FORMA DE DIOS. "Cristo era como Dios en todo sentido, pero no se aprovechó de ser igual a Dios". TOMO FORMA DE HOMBRE. "Al contrario, Él se quitó ese honor, aceptó hacerse un siervo TOMÓ FORMA DE SIERVO y nacer como un ser humano. Al vivir como hombre". TOMÓ FORMA HUMILDE. "se humilló a sí mismo y fue obediente TOMÓ FORMA DE OBEDIENCIA hasta el extremo de morir en la cruz". TOMÓ FORMA DE MUERTO. "Por eso, Dios le dio el más alto honor y el nombre que está por sobre todos los nombres," "para que todos los que están en el cielo, en la tierra y debajo de la tierra; se arrodillen ante Jesús," "y para que todos reconozcan que

Los Principios del Centurión

Jesucristo es el Señor dando así honra a Dios Padre". FORMA GLORIOSA

¿Como son los uniformes de Cristo?

El primero representa despojo.

Que para nosotros nos dice: tu éxito es importante, pero no lo más importante, ríndelo y entrégamelo, dice el Señor, y sírveme.

El segundo representa debilidad.

Acuérdate que en tu debilidad se perfecciona el poder de Dios. Reconoce tus debilidades y eso permitirá que avances y mejores.

El tercero representa servicio.

El trabajo para el Señor consiste en servir a tus hermanos y ser de ayuda y bendición a los demás.

El cuarto representa humildad.

La virtud de los más grandes. El entender que todo lo que se posee es por gracia y debemos continuamente tener un corazón agradecido.
Sabiendo que de nada tenemos derecho, sino Dios es bueno y Él nos da abundantemente.

El quinto representa la voluntad.

Como la entregamos y nos sometemos a la voluntad de Dios por medio de nuestra obediencia al Rey.

 José Fernando Campos

El sexto representa muerte.

Entrega total, ninguna voluntad mía queda. Entrego por completo toda mi vida como un sacrificio vivo y santo que es el culto racional.

Romanos 12:1 Por consiguiente, hermanos, os ruego por las misericordias de Dios que presentéis vuestros cuerpos como sacrificio vivo y santo, aceptable a Dios, que es vuestro culto racional.

Si deseas alcanzar la gloria de Dios, vístete con estos uniformes y llega a la estatura del varón perfecto.

Existen palabras con respecto al estado de la forma.

¿En qué forma te encuentras?

- **Uniformación:** Todos de una misma forma
- **Conformación:** Todos adoptando la forma de...
- **Transformación:** Todos siendo llevados a una nueva forma.
- **Reformación:** Todos mejorando la forma establecida.
- **Información:** Todos siendo introducidos a la forma.
- **Deformación:** El deterioro de la forma.

Amados hermanos, debemos de ser cuidadosos con lo que oímos, puesto que una mala información nos puede ir deformando nuestro carácter en Cristo.

Los Principios del Centurión

> *Si avanzo, ¡sígueme!*
> *Si me detengo, ¡aprémiame!*
> *Si retrocedo, ¡mátame!*
> Lema kaibil del ejército de Guatemala

Si una persona no posee la humildad de ponerse un uniforme para servir en un departamento de la iglesia, mucho menos puede tener la capacidad para admitir en su vida una forma espiritual más elevada.

Un recluta del ejército de Dios debe estar dispuesto a que la batalla será dura, ¡pero hay triunfo y victoria en Cristo! desde hace dos mil años.

¡NO CLAUDIQUES

> *Si en la lid, el destino te derriba,*
> *si todo en tu camino es cuesta arriba,*
> *si tu sonrisa es ansia insatisfecha,*
> *si hay faena excesiva y vil cosecha,*
> *si a tu caudal se contraponen diques,*
> *date una tregua, pero no claudiques.*

Joseph Rudyard Kipling, nació en Bombay, India en 1865. Escritor y poeta británico, se le recuerda por sus relatos y poemas sobre los soldados británicos.

> *Un soldado no claudica hasta la muerte, entrega su vida en la batalla. Su sangre es valiosa, su espíritu inquebrantable, Su alma un sentimiento profundo de protección por lo que ama. El coraje, el honor, la valentía y el deseo de triunfar, son sus atributos. Un soldado se arma para buscar la paz.*
> Autor Fernando Campos

 *José Fernando Campos*

LOS CENTURIONES

Soldados del ejército romano. Expertos en batallas en diferentes naciones, climas, adversidades, culturas, etc.

Hombres que fueron conociendo la verdad del evangelio, salieron conquistadores y fueron conquistados; no con armas humanas sino por el amor de Jesucristo.

LA OFICIALIDAD ROMANA ESTABA DISTRIBUIDA DE LA SIGUIENTE FORMA

En la antigua Roma "centurión" significa "capitán de 100", y el centurión romano era capitán de 100 soldados de infantería en una legión. El centurión era leal y valiente, iniciaba como un soldado en el ejército y trabajar para abrirse paso entre las filas. Sobresalían frente a su general por su habilidad y coraje en batalla y así eran nombrados. El Ejército de Roma consistía en tres tipos de soldados: La guardia pretoriana (guardaespaldas de César), Los Legionarios (soldados de infantería y oficiales formados por los ciudadanos), y los elementos auxiliares (tropas de no ciudadanos).

Los Principios del Centurión

La columna del ejército romano eran los centuriones. Los centuriones eran legionarios se distinguían porque llevaban un casco especial, y un arnés más adornado de mucha mejor calidad. Llevaban un callado corto de madera de vid como un símbolo de rango. Se abrían camino entre las filas como soldados, y fueron promovidos por su dedicación y coraje. Eran los soldados veteranos que comandaban 100 hombres cada uno, dentro de una legión de 6.000. Había por lo tanto, 60 centurias en una legión, cada una bajo el mando de un centurión. Durante la época de Augusto había 28 legiones. El centurión recibía salario que ascendía a más de 20 veces el de los soldados ordinarios, unos 5.000 denarios por año. Habían cinco centuriones jefe de una legión que recibían 10.000 monedas de plata por año, y el centurión jefe (el primer lanzamiento de jabalina) recibía 20.000 monedas de plata anualmente. Un soldado normal recibía alrededor de 200-300 monedas de plata por año. Durante el tiempo de Jesús, el cuartel general del ejército romano en Judea se encontraba en Cesarea, en la costa mediterránea. sen-tu'-ri-ONU: Como su nombre indica, hekatontarches o hekatontarchos, kenturion, América Centurio, era el comandante de un centenar de hombres, más o menos, en una legión romana. Mateo y Lucas usan la palabra griega mientras que Marcos prefiere la forma latina, como lo hace en el caso de otras palabras, al ver que escribió principalmente para los lectores romanos. El número de centuriones en una legión era de 60, y a través de las épocas ese fue el número de centurias. Los deberes ordinarios del centurión eran entrenar a sus hombres, inspeccionar sus armas, alimentos y ropa, y mandarles que en el campamento y en el campo de batalla. Algunos centuriones eran empleados de forma individual, las condiciones de las cuales en las provincias son un tanto oscuras. Los hombres como Cornelio y Julius (Hechos 10: 1; 27: 1) pueden haber sido separados de la legión a la que pertenecían, para desempeñar algunas actividades especiales. Ellos y otros centuriones mencionados en los Evangelios

y en los Hechos (Mt 8: 5; Mc 15,39, 44, 45; Lc. 23:47) están representados por los escritores sagrados en una luz favorable.[13]

> La INFANTERIA se dividía en 10 cohortes; cada cohorte (600 legionarios) en tres manípulos (200 legionarios en cada uno); y cada manipulo en dos centurias (100 legionarios en cada una).
> Al frente de la legión durante la Republica había un cónsul o un pretor nombrado por el senado, y en el Imperio un legado militar nombrado por el emperador. La cohorte estaba bajo la autoridad de un tribuno y cada manipulo y centuria de un centurión.
> La CABALLERIA se dividía en decurias o grupos de 10 jinetes, mandados por un decurión Cada 3 decurias se formaba en escuadrón o turma (30 jinetes). En cada legión había 10 escuadrones, es decir 300 jinetes mandados por el tribuno militar.

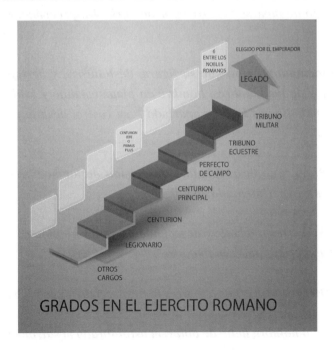

GRADOS EN EL EJERCITO ROMANO

Más adelante explicaré la injerencia de estos hombres dentro del evangelio, y los grandes exponentes como *El centurión llamado Cornelio*; un gran ejemplo para todos nosotros.

Te invito a que juntos aprendamos del testimonio de todos estos hombres de fe, que creyeron en nuestro Salvador.

Isaías 53:3
(Castillian) "despreciado y abandonado de los hombres, varón de dolores, familiarizado con la dolencia".

(JER 2001*) "Despreciado, marginado, hombre doliente y enfermizo, como de taparse el rostro por no verle. Despreciable, un Don Nadie.

(Jünemann*) "sino que su figura, deshonrosa, y desfallecida ante los hijos de los hombres; hombre en plaga estando y sabiendo llevar enfermedad; pues ha sido apartado$^{(d)}$ su rostro, deshonrado y desestimado".

(LBLA) "Fue despreciado y desechado de los hombres, varón de dolores y experimentado en aflicción".

(OSO) "Despreciado, y desechado entre los hombres, varón de dolores, experimentado en flaqueza".

(DHH C 2002*) "Los hombres lo despreciaban y lo rechazaban". [c]

Era un hombre lleno de dolor, acostumbrado al sufrimiento".

 *José Fernando Campos*

> *La tristeza de un soldado es que el pueblo que defendió, le voltee el rostro y lo menosprecien por el sacrificio que hizo en el campo de batalla.*
> *Autor Fernando Campos*

Que la sangre de Cristo sea tu uniforme y tu coraza. Y el fuego del Espíritu, lo que te invita a luchar.

Nahúm 2:3 "Rojo es el escudo de sus guerreros y rojo el uniforme de su
 ejército. ¡Están listos para el ataque! Sus carros parecen de fuego; sus caballos se impacientan.

E. ESTADO DE FUERZA

Todos los días por la mañana, a la hora de la formación del batallón; cada compañía y cada pelotón dan un informe de cuantos miembros se han presentado a la formación y se establece un reporte que se le denomina estado de fuerza.

Representa con cuántos hombres contamos para un eventual ataque o para ser convocados al campo de batalla.

En el campo espiritual no funciona precisamente así. Jesús te aconseja, analiza bien cuanta es tu fuerza para la batalla que estas por enfrentar. ¡Es simple! En el mundo espiritual hay jerarquías, y debemos tomar en cuenta con quién peleamos y bajo qué respaldo espiritual estamos enfrentando el combate; porque al ir sin respaldo a la batalla, podemos salir muy afectados.

De acuerdo a esto, meditemos en los siguientes versículos:

Lucas 14:31 *"¿O qué rey, cuando sale al encuentro de otro rey para la batalla, no se sienta primero y delibera si con diez mil hombres es bastante fuerte como para enfrentarse al que viene contra él con veinte mil?".*

José Fernando Campos

Hechos 19:13-16 "Pero también algunos de los judíos, exorcistas ambulantes, trataron de invocar el nombre del Señor Jesús sobre los que tenían espíritus malos, diciendo: Os ordeno por Jesús, a quien Pablo predica. Y siete hijos de un tal Esceva, uno de los principales sacerdotes judíos, eran los que hacían esto. Pero el espíritu malo respondió, y les dijo: A Jesús conozco, y sé quién es Pablo, pero vosotros, ¿quiénes sois? Y el hombre en quien estaba el espíritu malo se lanzó sobre ellos, y los dominó y pudo más que ellos, de manera que huyeron de aquella casa desnudos y heridos".

El enemigo siempre se pregunta de dónde viene nuestra fuerza, y usa canales distintos para poder descubrir el respaldo que tenemos a la hora de batalla.

Jueces 16:13 "Dalila le dijo a Sansón: —¡Volviste a engañarme! ¿Por qué insistes en mentirme? Por favor, dime, ¿qué hay que hacer para sujetarte?".

Debemos estar sujetos, pero al Señor, por medio de las autoridades que Él deja establecidas. Porque de parte del enemigo nos quieren sujetar y atar de tal manera que no podamos realizar la obra de Dios.

Por eso en el ejército de Cristo, nuestras fuerzas no proceden de la cantidad o calidad de soldados que tengamos; sino de Su Santo Espíritu y del poder que Él derrame sobre nuestros combatientes.

Zacarías 4:6 "Continuó él, y me dijo: Esta es la palabra del SEÑOR a Zorobabel: "No por el poder ni por la fuerza, sino por mi Espíritu"-- dice el SEÑOR de los ejércitos".

Los Principios del Centurión

Para que no digamos es por nuestra fuerza que ganamos la batalla, sino la destreza de nuestros soldados viene del Señor.

Habacuc 3:19 "Adonaí, <u>mi</u> Señor es <u>mi fuerza</u>, Él me da pies como los de ciervas, y <u>por</u> las alturas me hace caminar".

A veces nos menospreciamos

Jueces 6:12-16 "Y el ángel del SEÑOR se le apareció, y le dijo: El SEÑOR está contigo, valiente guerrero. Entonces Gedeón le respondió: Ah señor mío, si el SEÑOR está con nosotros, ¿por qué nos ha ocurrido todo esto? ¿Y dónde están todas sus maravillas que nuestros padres nos han contado, diciendo: "¿No nos hizo el SEÑOR subir de Egipto?" Pero ahora el SEÑOR nos ha abandonado, y nos ha entregado en mano de los madianitas. Y el SEÑOR lo miró, y dijo: Ve con esta tu fuerza, y libra a Israel de la mano de los madianitas. ¿No te he enviado yo? Y él respondió: Ah Señor, ¿cómo libraré a Israel? He aquí que mi familia es la más pobre en Manasés, y yo el menor de la casa de mi padre. Pero el SEÑOR le dijo: Ciertamente yo estaré contigo, y derrotarás a Madián como a un solo hombre".

Sin embargo, Dios, en medio de nuestra debilidad se glorifica y se exalta, nos permite entender que no es por nosotros la victoria, sino el Señor nos da el poder para vencer.

2ª. Corintios 12:9 "Pero Él me dijo: "<u>Mi</u> gracia te basta, que <u>mi fuerza</u> se muestra perfecta en la flaqueza". <u>Por</u> tanto, con sumo gusto, seguiré gloriándome sobre todo en mis flaquezas, para que habite en mí la <u>fuerza</u> de Mesías".

Fuera todo miedo en el nombre de Jesús. ¡Esfuérzate! y ve a pelear la Buena batalla y a correr la gran carrera que tienes por delante.

José Fernando Campos

Isa 41:10" <u>Por</u> tanto, no tengan miedo, pues yo soy su Dios y estoy con ustedes. <u>Mi</u> mano victoriosa les dará <u>fuerza</u> y ayuda; <u>mi</u> mano victoriosa siempre les dará su apoyo".

Tu fidelidad y confianza en el Señor serán probadas en cada lucha que pases.

Salmos 28:7 "El Señor es <u>mi</u> <u>fuerza</u> y <u>mi</u> escudo, <u>mi</u> corazón confiaba en él, y me socorrió; <u>por</u> eso <u>mi</u> corazón se alegra y le canto agradecido".

Habrá siempre una voz en tu boca de agradecimiento y de poder, sabiendo que el Señor pelea tus batallas. No importa qué obstáculos haya, el Señor renovará tus fuerzas como al principio; y hará de ti un varón fuerte, un guerrero eficaz para poseer lo que Él te ha prometido.

Caleb, con 85 años, se animó a confiar en lo que Dios le había prometido; conquisto y vivió para disfrutar de las mieles de la victoria. Y para contarlo también a sus generaciones y poder entregarles herencia de lo que había logrado.

Josué 14:11 "Todavía estoy tan fuerte como el día en que Moisés me envió; como era entonces mi fuerza, así es ahora mi fuerza para la guerra, y para salir y para entrar".

En resumen, tu estado de fuerza no está basado en el factor humano, sino en el espiritual, y en el poder que desarrolles por el espíritu.

Recibiréis poder de lo alto

(G1411δύναμις) Dúnamis: fuerza, específicamente *poder* milagroso (por lo general por implicación un *milagro* en sí mismo): - eficacia, fuerza, impetuoso, maravilla, milagro, capacidad, dar, poder, poderosamente, potencia, potestad.

El desarrollo del poder de Dios en tu vida, se dará mediante una atmosfera de fe, mientras más allá, más se manifestará.

Marcos 6:4,5 *"Y Jesús les dijo: No hay profeta sin honra sino en su propia tierra, y entre sus parientes, y en su casa. Y no pudo hacer allí ningún milagro; sólo sanó a unos pocos enfermos sobre los cuales puso sus manos".*

La honra es el vehículo que le agrada a Dios y donde Él se manifiesta.

Honra con tus bienes

Pro 3:9, 10 *"Honra al SEÑOR con tus bienes y con las primicias de todos tus frutos; entonces tus graneros se llenarán con abundancia y tus lagares rebosarán de mosto".*

Honra ayudando al necesitado

Proverbios 14:31" *El que oprime al pobre, afrenta a su Hacedor, pero el que se apiada del necesitado, le honra".*

Honra al señor desde tu corazón

Isaías 29:13 *"Dijo entonces el Señor: Por cuanto este pueblo se me acerca con sus palabras y me honra con sus labios, pero aleja de mí su corazón".*

Por medio de la honra a Dios alcanzamos el Dúnamis, el poder de lo alto.

José Fernando Campos

Él Dúnamis se manifiesta, pero muchas veces es por misericordia de Dios a su pueblo, y no precisamente, porque el Ministro o el vaso que está utilizando el Señor, este bien con El.

Por eso debemos conocer Su voluntad, para agradarle y que el poder se canalice bien en nosotros.

Mateo 7:21,22 "No todo el que me dice: "Señor, Señor", entrará en el reino de los cielos, sino el que hace la voluntad de mi Padre que está en los cielos. Muchos me dirán en aquel día: "Señor, Señor, ¿no profetizamos en tu nombre, y en tu nombre echamos fuera demonios, y en tu nombre hicimos muchos milagros?".

Resumiendo, el Dúnamis se da haciendo la voluntad de nuestro Padre, que es:

Que nada de lo entregado a Jesús, se pierda.

Juan 6:39 "Y esta es la voluntad del que me envió: que de todo lo que Él me ha dado yo no pierda nada, sino que lo resucite en el día final".

Que haya vida eterna y resurrección para el que cree.

Juan 6:40 "Porque esta es la voluntad de mi Padre: que todo aquel que ve al Hijo y cree en El, tenga vida eterna, y yo mismo lo resucitaré en el día final".

Que sepamos discernir la enseñanza de cristo

Juan 7:17 "Si alguien quiere hacer la voluntad de Dios, sabrá si mi enseñanza es de Dios o si hablo de mí mismo".

Que practiquemos lo bueno, aceptable y perfecto

Romanos 12:2 "Y no os adaptéis a este mundo, sino transformaos mediante la renovación de vuestra mente, para que verifiquéis cuál es la voluntad de Dios: lo que es bueno, aceptable y perfecto".

Las diferentes imparticiones espirituales y ministeriales.

1ª. Corintios 12:11 "Pero todas estas cosas las hace uno y el mismo Espíritu, distribuyendo individualmente a cada uno según la voluntad de Él".

Debemos conocer Su voluntad, para obedecer y hacer Su obra como soldados del ejército de Dios.

Hechos 22:14, 15 "Y él dijo: "El Dios de nuestros padres te ha designado para que conozcas su voluntad, y para que veas al Justo y oigas palabra de su boca. Porque testigo suyo serás a todos los hombres de lo que has visto y oído".

F. CONVOCATORIA

Cuando experimentamos estar en un puesto de liderazgo, hay que tomar en cuenta que éste se clasifica en tres grandes rubros:

El liderazgo Natural: La persona desde muy pequeña muestra habilidades que le permiten guiar a sus compañeros de escuela o de equipo. Es algo que viene naturalmente. Las personas de temperamento colérico, por lo regular son líderes naturales.

Liderazgo circunstancial: dependiendo de la ocasión, dígase por ejemplo una emergencia, que implica de inmediato tomar decisiones. Es allí, precisamente, donde el líder aparece y sin que nadie lo haya colocado en esa posición, él toma inmediatamente la dirección de todo el problema para que se obtenga el resultado correcto.

Liderazgo por nombramiento: de éstos que menciono, el problema serio que tiene éste tipo de liderazgo, es que alguien ocupa la función de líder; aunque tal vez no tenga la preparación para realizarlo.

En todo esto sabemos que hay:

- Liderazgo de convocación: Evangelista
- Liderazgo directivo: Profeta
- Liderazgo de preparación: Maestro
- Liderazgo de apoyo: Pastor
- Liderazgo de delegación: Apóstol

Determinando la función ministerial dentro del cuerpo de Cristo vemos que liderazgo se resume en una palabra: influencia. Ejercer dirección, consuelo, edificación, envió, no se podrían dar si no existe la convocación que va a atraer a todos aquellos que luego serán útiles en la misión que se va a realizar.

Mateo 22:2-10 "El reino de los cielos es semejante a un rey que hizo fiesta de bodas a su hijo; "y envió a sus siervos a llamar a los convidados a las bodas; más éstos no quisieron venir".
"Volvió a enviar otros siervos, diciendo: Decid a los convidados: He aquí, he preparado mi comida; mis toros y animales engordados han sido muertos, y todo está dispuesto; venid a las bodas". Mas ellos, sin hacer caso, se fueron, uno a su labranza, y otro a sus negocios" "y otros, tomando a los siervos, los afrentaron y los mataron". "Al oírlo el rey, se enojó; y enviando sus ejércitos, destruyó a aquellos homicidas, y quemó su ciudad". "Entonces dijo a sus siervos: Las bodas a la verdad están preparadas; más los que fueron convidados no eran dignos". "Id, pues, a las salidas de los caminos, y llamad a las bodas a cuantos halléis".

 *José Fernando Campos*

"Y saliendo los siervos por los caminos, juntaron a todos los que hallaron, juntamente malos y buenos; y las bodas fueron llenas de convidados".

El rey convocó y no obedecieron, al hacer una segunda convocatoria, los menos dignos asistieron y celebraron.

En el reino de los cielos se llama a los menospreciados, despreciados, desechados, desvalorados; y son restaurados, y se convierten en un ejército de soldados fieles, capaces de realizarlo todo por su Señor, porque en ellos habita el agradecimiento.

Los Principios del Centurión

G. DIA DE LA BATALLA

¿Cuando empieza el día de la batalla?, desde el momento en que te entregas a Cristo será trabajada, forjada y puesta a prueba tu fidelidad.

Las luchas o batallas estarán presentes todos los días de nuestra vida, debemos saber cómo reconocerlas, y determinar cuál es el plan espiritual que vamos a realizar para poder salir de ellas.

Batalla, lucha o combate de padecimientos.

> *Hebreos 10:32, 37 "Recuerden aquellos días cuando acababan de conocer la verdad. Enfrentaron muchos sufrimientos, pero siguieron firmes." "En unas ocasiones sufrieron insultos y persecución, y en otras ayudaron a los que estaban sufriendo lo mismo." "Soportaron con alegría cuando les quitaron sus propiedades. Siguieron felices porque sabían que poseían algo mucho mejor, algo que dura para siempre." "Así que no pierdan la valentía que tenían antes, pues tendrán una gran recompensa." "Tengan paciencia y hagan la voluntad de Dios para que reciban lo prometido". "Dentro de poco: ""El que va a venir, vendrá. No tarda."*

Imagínense la gran desapropiación que sucedió en el principio, de tal forma que cuando las autoridades de aquel entonces se enteraban de que

alguien era cristiano, lo despojaban y lo dejaban prácticamente en la calle. Cuando leemos estos versículos encontramos una serie de palabras claves para cuando estés enfrentando un problema:

- ~ Mantente alegre y permanece así.
- ~ Mantén tu vista en las cosas del cielo, porque ahí, el orín, la polilla y los ladrones no pueden hacer su oficio
- ~ ¡Sé valiente hasta la muerte! -le dijeron a aquella iglesia; el diablo atacará y pondrá a algunos hasta en la cárcel, pero ustedes, ¡sigan firmes!
- ~ Paciencia: Es uno de los frutos del cristiano y permite que puedas ser guardado de las pruebas. De hecho, la iglesia que se va con el Señor, se le dice que ha guardado la palabra de su paciencia, por lo que a ella también la guardaran.
- ~ Esperanza: En el libro de hebreos aparece esta virtud como el ancla del evangelio y está resumida en dos cosas: 1) Dios no miente y 2) Dios siempre cumple lo que promete. Por lo tanto, cuando estés peleando en la batalla de los padecimientos, compórtate como un buen soldado de Cristo, firme y adelante hasta la victoria.

Guerra contra las fuerzas naturales

En muchas campañas evangelísticas, he visto como las lluvias, o los huracanes, han tratado de impedir que se realicen, y el pueblo clama a voz en cuello y el Señor responde desde el cielo, y hace que toda tormenta se calme. No me cabe duda que como cristianos en algún momento de nuestra vida tendremos que enfrentar este tipo de batalla, y debemos seguir adelante haciendo la obra de Dios sin importar todo tipo de inclemencias. También recordarnos el asombro de los discípulos diciendo: *"Quién es éste, que hasta el viento y el mar le obedecen?"*.

> Hechos 27:14-23 "Pero no mucho después, desde tierra comenzó a soplar un viento huracanado que se llama Euroclidón", "y siendo azotada la nave, y no pudiendo hacer frente al viento nos abandonamos a él y nos dejamos llevar a la deriva. "Al día siguiente, mientras éramos sacudidos furiosamente por la tormenta, comenzaron a arrojar la carga; "Cuando habían pasado muchos días sin comer, Pablo se puso en pie en medio de ellos y dijo: Amigos, debierais haberme hecho caso y no haber zarpado de Creta, evitando así este perjuicio y pérdida". "Pero ahora os exhorto a tener buen ánimo, porque no habrá pérdida de vida entre vosotros, sino sólo del barco. "Porque esta noche estuvo en mi presencia un ángel del Dios de quien soy y a quien sirvo

Jesús, en su peregrinaje, tuvo que visitar diferentes ciudades; pero hubo aparte de Nazareth, donde no hizo muchos milagros a causa de la incredulidad de la gente que lo conocía desde joven; la ciudad de Gadara, curiosamente salió a su encuentro un endemoniado muy particular. En él, había una legión de demonios, 6000 demonios; inmediatamente cuando fue liberado, la gente inducida por los cuidadores de cerdos, (esto tiene un trasfondo espiritual tremendo); le dijeron que se retirara de esa ciudad.

Antes de llegar ahí, fue precisamente cuando se desató esa tormenta que tuvo que obedecer a su voz y represión. O sea, era una batalla contra la naturaleza.

Uno de los factores preponderantes en la guerra de Vietnam, que fue precisamente ganada por ellos en contra del Ejército de los EEUU; es que el factor climático jugó un papel sumamente importante en el triunfo de los vietnamitas.

 *José Fernando Campos*

Nosotros como soldados de Jesucristo, debemos estar entrenados para cualquier tipo de situación; aún de origen climático, y no detenernos en la propagación del evangelio.

La lucha o batalla por la fe

1ª. Timoteo 1:18-20 "Esta comisión te confío, hijo Timoteo, conforme a las profecías que antes se hicieron en cuanto a ti, a fin de que por ellas pelees la buena batalla, guardando la fe y una buena conciencia, que algunos han rechazado y naufragaron en lo que toca a la fe. Entre los cuales están Himeneo y Alejandro, a quienes he entregado a Satanás, para que aprendan a no blasfemar.

Hay muchos que a través de sus argumentos quieren apartar a los que son convertidos y son fieles dentro de la obra

2ª. Timoteo 2:16,17 "Evita las palabrerías vacías (vanas) y profanas, porque los dados a ellas, conducirán más y más a la impiedad, y su palabra se extenderá como gangrena; entre los cuales están Himeneo y Fileto".

Himeneo, Fileto y Alejandro fueron los causantes de la mutilación del cuerpo de Cristo; porque con sus blasfemias y ataques verbales, basados en palabrerías, chismes, murmuraciones, calumnias y mentiras iban contaminando a los escogidos y eso hacías que se apartaran del camino de la verdad.

En la Biblia, son considerados como desmembradores del cuerpo, y por lo consiguiente son personas específicas, enviadas por satanás para atacar las coyunturas y lastimar ligamentos que son los que permiten el buen funcionamiento del cuerpo espiritual llamado iglesia.

Filipenses 3:2 (PDT) "Cuídense de los que son como perros, de los que hacen cosas malas. ¡Ojo con los mutiladores del cuerpo!"

Combatiendo contra las pasiones

1Pe 2:11 *"Amados, os ruego como a extranjeros y peregrinos, que os abstengáis de las pasiones carnales que combaten contra el alma".*

El gran profeta Elías, tenía problemas pasionales, y no cabe duda que luchaba contra estos.

Santiago 5:17 "Elías era un hombre de pasiones semejantes a las nuestras, y oró fervientemente para que no lloviera, y no llovió sobre la tierra por tres años y seis meses.

Es muy simple, en el ejército no puede el soldado dar rienda suelta a sus sentimientos; puesto que al hacerlo se expone y puede ser vencido en batalla.

En el campo espiritual debemos estar sujetos a la voluntad del Espíritu Santo, para llegar a entender las dimensiones de este precioso evangelio.

Pasiones humanas.

1ª. Pedro 4:2 "Para vivir el tiempo que le queda en la carne, no ya para las pasiones humanas, sino para la voluntad de Dios".

Pasiones juveniles.

2ª. Timoteo 2:22 "Huye, pues, de las pasiones juveniles y sigue la justicia, la fe, el amor y la paz, con los que invocan al Señor con un corazón puro".

 José Fernando Campos

Pasiones pecaminosas.

Romanos 7:5 "Porque mientras estábamos en la carne, las pasiones pecaminosas despertadas por la ley, actuaban en los miembros de nuestro cuerpo a fin de llevar fruto para muerte".

Pasiones degradantes.

Romanos 1:26 "Por esta razón Dios los entregó a pasiones degradantes".

Pasiones impías.

Judas 1:18 "quienes os decían: En los últimos tiempos habrá burladores que irán tras sus propias pasiones impías".

Las guerras se dan por conflictos de tipo pasional que se alejan de la voluntad de Dios

Guerras y conflictos

Santiago 4:1 "¿De dónde vienen las guerras y los conflictos entre vosotros? ¿No vienen de vuestras pasiones que combaten en vuestros miembros?"

Por todo esto debemos ser muy cautelosos y observantes de nuestro ser, para ver si no es guiado más por pasiones que por el Espíritu Santo. Esta es una batalla férrea que todo soldado de Cristo debe enfrentar.

Los Principios del Centurión

La guerra contra el pecado

La guerra contra el pecado es una batalla que a diario debemos de enfrentar, si deseamos crecer en este glorioso evangelio.

> **Hebreos 12:4-6** *"Porque todavía, en vuestra lucha contra el pecado, no habéis resistido hasta el punto de derramar sangre; además, habéis olvidado la exhortación que como a hijos se os dirige: HIJO MIO, NO TENGAS EN POCO LA DISCIPLINA DEL SEÑOR, NI TE DESANIMES AL SER REPRENDIDO POR EL; PORQUE EL SEÑOR AL QUE AMA, DISCIPLINA, Y AZOTA A TODO EL QUE RECIBE POR HIJO".*

Cuando eres soldado es una cosa, pero, ser hijo es algo sumamente diferente y aún más especial, por esto debemos obedecer fielmente al Señor y continuar en nuestra **buena batalla** a fin de poder vencer.

El enemigo de nuestras almas va a tratar de convencernos por cualquier medio, de que Dios no nos ama, o que no nos perdona, o que ya no tenemos remedio; sin embargo, la Biblia dice otra cosa, y no cabe duda que a través de ir ganando la batalla contra el pecado, iremos avanzando de gloria en gloria.

Romanos 8:33-39"¿Quién acusará a los escogidos de Dios? Dios es el que justifica". "¿Quién es el que condena? Cristo Jesús es el que murió, sí, más aún, el que resucitó, el que además está a la diestra de Dios, el que también intercede por nosotros". "¿Quién nos separará

 *José Fernando Campos*

del amor de Cristo? ¿Tribulación, o angustia, o persecución, o hambre, o desnudez, o peligro, o espada?" "Tal como está escrito: POR CAUSA TUYA SOMOS PUESTOS A MUERTE TODO EL DIA; SOMOS CONSIDERADOS COMO OVEJAS PARA EL MATADERO". "Pero en todas estas cosas somos más que vencedores por medio de aquel que nos amó". "Porque estoy convencido de que ni la muerte, ni la vida, ni ángeles, ni principados, ni lo presente, ni lo por venir, ni los poderes", "ni lo alto, ni lo profundo, ni ninguna otra cosa creada nos podrá separar del amor de Dios que es en Cristo Jesús Señor nuestro.

La guerra contra el mundo espiritual

Muchos de los conflictos que suceden en nuestra vida, no precisamente son regidos por asuntos humanos, muchos de ellos tienen un origen espiritual, y regularmente se reacciona humana y carnalmente. Debemos considerar detenidamente nuestras batallas y que nuestras respuestas y reacciones sean de acuerdo a la voluntad del Espíritu.

> *Efe 6:12,13 "Porque nuestra lucha no es contra sangre y carne, sino contra principados, contra potestades, contra los poderes de este mundo de tinieblas, contra las huestes espirituales de maldad en las regiones celestiales. Por tanto, tomad toda la armadura de Dios, para que podáis resistir en el día malo, y habiéndolo hecho todo, estar firmes".*

Cuando vemos todos estos tipos de batallas que debemos de enfrentar, te pregunto, ¿Estas dispuesto a ser <u>cristiano</u>, y un <u>soldado del Señor</u>?

Los Principios del Centurión

Los Centuriones eran soldados expertos en batallas, al servicio de uno de los grandes imperios, Roma. Enemigos letales del pueblo de Dios. Sin embargo, para algunos de ellos, esta cosmovisión les permitió entender el ministerio de Jesús, desde el punto de vista del ejército. Nuestro interés a que leas este libro, es que analices este enfoque y veas si por el Espíritu lo puedes poner en práctica en tu vida diaria.

José Fernando Campos

CENTURIÓN, UN SOLDADO BAJO AUTORIDAD ROMANA.

Para poder tener un aspecto más amplio con respecto a estos personajes, he tomado este fragmento que explica de una manera muy objetiva, los detalles que rigen la vida de un centurión.

Centurión: En la milicia romana, jefe de una centuria.

El **centurión romano** (en latín, *centurio* y en griego *hekatontarchos*), es el rango que ha recibido una mayor atención por parte de los estudiosos del ejército romano.[14]

---

[14] https://es.wikipedia.org/wiki/Centuri%C3%B3n

Los Principios del Centurión

Historia

Se trata de oficiales con un mando táctico y administrativo, siendo escogidos por sus cualidades de resistencia, templanza y mando. Comandaban una centuria, formada por 80 hombres en función de las fuerzas en el momento dado y de si la centuria pertenecía o no a la Primera Cohorte (Agrupación). Cada Cohorte está formada por 6 centurias, excepto la primera cohorte que tiene doble número de centurias.

Centuria

Pese a lo que se suele pensar, su nombre no procede de que en un principio constase de cien hombres, ya que es anterior al propio rango de centurión; sino que deriva de la propia centuria, unidad administrativa y política que en Roma tenía su propia vertiente civil. De hecho, la centuria en sí, nunca adoptó un tamaño de cien hombres, sino que en época republicana osciló entre los treinta de una centuria de *triarii* (triarios) y los sesenta de los *hastati* y *príncipes* (lanceros y principales). Hacia finales del siglo II a. C., la centuria pasó a contar con unos ochenta hombres, cifra que se mantendría a lo largo del Alto Imperio (siglos I-III); teniendo así, la *Legio Augustea* sesenta centurias de ochenta hombres que hacían un total de cuatro mil ochocientos hombres. Más adelante, hacia la época Flavia, la primera cohorte duplicaría los efectivos de sus centurias, pero se reduciría el número de las mismas a cinco, con lo que la legión contaría ahora con cinco mil ciento veinte hombres de armas.

El grueso de la legión era dirigido por los centuriones, ya que cada cohorte contaba con seis de ellos para dirigir cada una de sus seis centurias. Cada uno de estos centuriones se acomodaba, dentro de cada cohorte, a una estricta jerarquía. Ésta, en orden ascendente, es: un *hastatus posterior*, un *hastatus prior*, un *princeps posterior*, un *princeps prior*, un *pilus posterior* y un *pilus prior*. Éste último puede haber actuado, de hecho, como comandante de la cohorte al completo en función de su veteranía. Por otro lado, esta estructura se altera en las primeras cohortes

desde época Flavia, ya que sólo existen cinco centuriones, los *primi ordines*, de los que el *primus pilus* es el más valorado. Lo normal, es que tras un año ejerciendo tal cargo, el *primipilo* lograse ser ascendido al *ordo equestris*. A mayores legiones, pueden existir más centuriones de lo que es habitual, y ello se debe a la presencia de *veterani* o *supernumerarii* que, si bien no ejercen un mando militar efectivo, sí tienen encomendada una función administrativa. [15]

UNIFORME

De acuerdo con las fuentes iconográficas, reflejadas mayoritariamente en algunos relieves históricos –por ejemplo: Arco de Orange-, en algunos sarcófagos de los siglos II, III y IV, y en algunas inscripciones funerarias, el centurión romano se distinguía por su particular uniforme, que estaba constituido por:

Una túnica corta de color blanco (decursio albata), que en los climas fríos se complementaba con unos pantalones cortos.

Una armadura de cota de malla (lorica hamata) o de escamas, (lorica squamata), muchas veces cubierta por phalerae o condecoraciones en forma de medallón y torquex o pulseras colgantes.

Portaba la espada corta -gladius- en el lado izquierdo en lugar del derecho, habitual en los simples milites, sujeta al cuerpo mediante un cingulus o cinturón con la funda del arma.

Usaba protecciones en las piernas (grebas)

---

[15] https://es.wikipedia.org/wiki/Centuri%C3%B3n

Sobre el casco (cassis) lucía una cresta (crista), que cruzaba lateralmente la cabeza. Algunas teorías de historia militar atribuyen la disposición transversal de este penacho a la necesidad de hacerse visible por la espalda para sus soldados; pero en época imperial el resto de los soldados no utilizaba cresta ordinariamente, ya que se reservaba para las armaduras de parada, por lo que solamente los centuriones llevaban este vistoso elemento, que permitía identificarlos fácilmente. Carecemos de evidencias arqueológicas sobre su color, aunque se barajan el blanco, negro o rojo.

Calzaba caligae o sandalias claveteadas, similares a las de sus hombres.

Los centuriones también llevaban un bastón de mando, habitualmente una vara de vid, llamada *vitis*, como símbolo de su autoridad, y que, durante las tareas de entrenamiento, utilizaban a discreción para golpear a los torpes y rezagados.

Suboficiales

Cada centurión era asistido en su centuria por un *optio*, un *signifer* y un *tesserarius*, suboficiales que reciben el nombre de "principales". El **primero** era el lugarteniente del centurión –lo ayudaba en la táctica y en el mantenimiento de la disciplina y la forma física de los soldados–. El **segundo** era el portaestandarte y **tesorero** de la centuria, y el último se encargaba de suministrar las contraseñas y de actuar de oficial de enlace.

En el campo de batalla, el centurión se situaba en el extremo derecho de la primera fila de hombres de su unidad, junto al *signifer*, mientras que el *optio* se situaba en la retaguardia, para evitar, si era necesario, la desbandada de las tropas, y garantizar los relevos entre líneas típicos del orden cerrado utilizado por el ejército romano.

Superiores

Eran rangos superiores a los de centurión, el de tribuno, que solían ser los jóvenes de la clase senatorial que están realizando su primer servicio en la legión, antes de recibir los cargos públicos en la vida civil, aunque hay tribunos quienes han elegido la vida militar como la profesión (tanto *augusticlavius* -del orden ecuestre- como *laticlavius* -senatorial-) o el de *praefectus castrorum* -generalmente un antiguo centurión-, estando todos ellos subordinados al legado de la legión. En comparación a la organización militar moderna, podrían ser, aproximadamente, el equivalente a un comandante de una compañía de infantería, con el rango de capitán y siendo los centuriones de mayor antigüedad comparables al rango de mayor.[16]

Entendiendo estos conceptos, me gustaría ampliarlos aplicándolos a la forma de pensar de un soldado y su relación intrínseca con el caminar de un hijo de Dios y su evolución dentro de la atmosfera espiritual.

¿Que es la Autoridad?

Es la facultad o derecho que tienen algunas personas de dar órdenes, con el objetivo de que sus subordinados las ejecuten y obedezcan.

El desarrollo de la autoridad, va íntimamente ligado al nivel de poder y a la calidad de obediencia.

Así mismo dentro de la esfera de poder, se dan ciertas circunstancias adversas, como el abuso del mismo, por ello al poder hay que

---

[16] Autor. Jorge Alberto Vilchez Sánchez

agregarle valores y principalmente, si estos son espirituales, va a producir excelentes resultados en nuestra vida como en la de los demás

Estos valores son moralmente aceptados, pero cuando nos trasladamos al panorama espiritual, los estándares aumentan.

En términos espirituales la AUTORIDAD es el poder que Dios nos da para cambiar atmósferas donde estemos.

PRINCIPIOS ESPIRITUALES DONDE SE GENERA AUTORIDAD

> Lucas 19:17 "Y él le dijo: 'Bien hecho, buen siervo, puesto que has sido fiel en lo muy poco, ten autoridad sobre diez ciudades."

LLAMADO

Uno de los propósitos del llamado, es saber entender y reconocer al que te llamó y obedecerle. Porque nadie es mayor que su maestro, ni el siervo mayor que su señor. Una vez que lo hayas comprendido, estas en posición de gobierno, porque has aprendido a ser gobernado.

ORDEN

Establecer el orden después de un caos es realmente el desarrollo de tu autoridad. Para esto, el valor y la supresión del miedo, son puntos muy importantes para que se haga efectivo tu don de mando.

 José Fernando Campos

> *Josué 1:18 "Cualquiera que se rebele contra tus palabras o que no obedezca lo que tú órdenes, será condenado a muerte. Pero tú, ¡sé fuerte y valiente!".*

Marcos 6:7 *"Entonces llamó a los doce y comenzó a enviarlos de dos en dos; dándoles autoridad sobre los espíritus inmundos".*

Cuando alguien ha alcanzado alta motivación y alta capacidad, se encuentra en la posición de autoridad, y recibe el mandato de ir a trabajar.

GOBIERNO

Mateo 2:6 *"Y tú, Belén, tierra de Judá, de ningún modo eres la más pequeña entre los príncipes de Judá; porque de ti saldrá un Gobernante que pastoreará a mi pueblo Israel."*

Los complejos de inferioridad consumen la fuerza de la autoridad conferida.

IMPARTICIÓN

Números 27:23 *"Luego puso sus manos sobre él y le impartió autoridad, tal como el Señor había hablado por medio de Moisés".*

No cabe duda que la autoridad se recibe el que se coloca por sí solo, su autoridad pierde validez con el tiempo, porque nunca supo estar debajo de ella.

EQUIPO

Mateo 5:41 *"Si un soldado te exige que lleves su equipo por un kilómetro, llévalo dos".*

Efesios 6:15 *"y teniendo calzados los pies con el equipo de las buenas nuevas de la paz".*

Deuteronomio 32:30 *"¿Cómo se explican ustedes que un solo israelita hizo huir a mil soldados? ¿Cómo se explican que dos soldados hicieron huir a diez mil? ¡Si yo no cuidara de ustedes ni les hubiera dado la victoria, ustedes no habrían podido vencerlos!"*

Romanos 13:3,4 *"Porque los gobernantes no son motivo de temor para los de buena conducta, sino para el que hace el mal. ¿Deseas, pues, no temer a la autoridad? Haz lo bueno y tendrás elogios de ella, pues es para ti un ministro de Dios para bien. Pero si haces lo malo, teme; porque no en vano lleva la espada, pues ministro es de Dios, un vengador que castiga al que practica lo malo.*

El equipo de demanda, una estatura y la aportación de tu fuerza, para que él mismo cumpla su objetivo. Cuando alguien gobierna un equipo, tuvo que pertenecer a uno, para tener una mentalidad cooperadora y autoridad conciliar.

CAPACIDAD

Romanos 12.3(BLA*) *"La gracia que Dios me ha dado me autoriza a decirles a todos y cada uno de ustedes que actúen, pero no estorben. Que cada uno actúe sabiamente según la capacidad que Dios le ha entregado".*

 *José Fernando Campos*

Hay autoridades a diferentes escalas y capacidades, la jerarquía está ligada a la capacidad, cuando la misma viene de un gobierno justo y equitativo.

SINGULARIDAD

Mateo 11:11 *"En verdad os digo que entre los nacidos de mujer no se ha levantado <u>nadie</u> mayor que Juan el Bautista; sin embargo, el más pequeño en el reino de los cielos es mayor que él.*

La autoridad se desarrolla por una identidad bien establecida cuando nos auto examinamos y reconocemos nuestras fortalezas y debilidades, para tener el compromiso de mejoramiento continuo.

INFLUENCIA

Hechos 8:6 *"Y las multitudes unánimes <u>prestaban atención</u> a lo que Felipe decía, al oír y ver las señales que hacía".*

Autoridad es la acción que, se ejerce por el don de mando hacia las masas, para que estas desarrollen o alcance un objetivo común.

ATRACCIÓN

Juan 12:32 *"Y yo, si soy levantado de la tierra, <u>atraeré</u> a todos a mí mismo".*

La humildad, sencillez, obediencia y buen ejemplo, hacen que nos sigan las personas.

Los Principios del Centurión

Principios Erróneos de Autoridad

LLAMADO POR LOS HOMBRES

Y en aquel tiempo Balac, hijo de Zipor, era rey de Moab.

Números 22:5,6 "Y envió mensajeros a <u>Balaam</u>, hijo de Beor, en Petor, que está cerca del río, en la tierra de los hijos de su pueblo, para llamarlo, diciendo: Mira, un pueblo salió de Egipto y he aquí, cubren la faz de la tierra y habitan frente a mí. Ven ahora, te ruego, y maldíceme a este pueblo porque es demasiado poderoso para mí; quizá pueda derrotarlos y echarlos de la tierra. Porque yo sé que a quien tú bendices es bendecido, y a quien tú maldices es maldecido.

La mejor señal de un llamado de Dios es que está sustentada en el amor, la gracia, la misericordia, la humildad, y estas virtudes sirven de base para desarrollar tu autoridad. Cuando los hombres te llaman la mejor señal es que siempre van a haber intereses mezquinos y la autoridad que se desarrolla es nefasta y esta proclive a la maldad.

TOMARSE ATRIBUCIONES

2º. Samuel 13:28 "<u>Absalón</u> ordéno a sus siervos, diciendo: Mirad, cuando el corazón de Amnón esté alegre por el vino, y cuando yo os diga: "Herid a Amnón", entonces matadle. No temáis; ¿no os lo he mandado yo? Tened ánimo y sed valientes.

 *José Fernando Campos*

Facultad que se le da a una persona para ejercer un cargo y esto debe de ser conferido para que haya respaldo.

AUTOPROCLAMACIÓN

1er. Reyes 1:18 *"Y he aquí, ahora <u>Adonías es rey</u>; y tú, mi señor el rey, hasta ahora no lo sabes".*

2º. Samuel 15:10 *"Tan pronto oigáis el sonido de la trompeta, entonces diréis: "<u>Absalón es rey</u> en Hebrón".*

La ambición te puede destruir, porque vas a estar en un lugar donde no fuiste capacitado, ni delegado para estar allí.

AMBICIÓN

1er. Reyes 1:5 *"Entretanto <u>Adonías</u>, hijo de Haguit, se ensalzaba diciendo: Yo seré rey. Y preparó para sí carros y hombres de a caballo y cincuenta hombres que corrieran delante de él.*

La ambición es amiga de la avaricia y es un deseo ardiente de obtener riquezas, fama o poder; te aleja de la autoridad justa y ecuánime, y te puede colocar en la posición que nunca alcanzaste de una manera honesta.

MANIPULACIÓN

2º. Samuel 15:2,3 *"Y <u>Absalón</u> se levantaba temprano y se situaba junto al camino de la puerta; y sucedía que todo aquel que tenía un pleito y venía al rey para juicio, <u>Absalón</u> lo llamaba y decía: ¿De qué ciudad eres? Y éste respondía: Tu siervo es de una de las tribus de Is-*

rael. Entonces Absalón le decía: Mira, tu causa es buena y justa, pero nadie te va a escuchar de parte del rey".

El chantaje, la astucia, la suspicacia son vehículos que se utilizan para la manipulación de masas, y vemos gobiernos que se levantaron a través de estos métodos.

OPORTUNISMO

2º. Samuel 15:4 "Decía además Absalón: ¡Quién me nombrara juez en la tierra! Entonces todo hombre que tuviera pleito o causa alguna podría venir a mí y yo le haría justicia".

La oportunidad puede llegar o se puede provocar, analizando si la situación abre una puerta y muchas veces el oportunista alcanza una posición de autoridad para la cual nunca se preparó.

ANARQUIA

1er. Reyes 1:13 "Ve ahora mismo al rey David y dile: "¿No has jurado tú, oh rey mi señor, a tu sierva, diciendo: 'Ciertamente tu hijo Salomón será rey después de mí y se sentará en mi trono'? ¿Por qué, pues, se ha hecho rey Adonías?"

En un momento, donde se piensa, que ya no hay autoridad, es precisamente el momento en que el enemigo aprovecha para querer arrebatar lo que a otro le pertenece.

MANEJO DE MASAS

2º. Samuel 15:6 "De esta manera <u>Absalón</u> trataba a todo israelita que venía al rey para juicio; así <u>Absalón</u> robó el corazón de los hombres de Israel".

El pensamiento colectivo se genera por diversos métodos de manipulación, que producen efectos nefastos, como Hitler, alimentando la idea de una súper raza y orientando al pueblo alemán para que destruyeran a los judíos.

POPULARIDAD

2º. Samuel 14:25 "En todo Israel no había nadie tan bien parecido ni tan celebrado como <u>Absalón</u>; desde la planta de su pie hasta su coronilla no había defecto en él".

La popularidad debe de ser sometida a la autoridad superior, esto permitirá que haya control, y que la cabeza pueda controlar todos los movimientos estructurales.

ATRACCIÓN (ADONIAS)

1er. Reyes 1:6 "Su padre nunca lo había contrariado preguntándole: ¿Por qué has hecho esto? Era también hombre de muy hermoso parecer, y había nacido después de Absalón".

La atracción es seducción. Dígase anuncios de cigarros u otros vicios que por medio de modelos seducen y manipulan con un poder terrible sobre la humanidad. Muchos ejercen el principio de seducción para hacer que las masas obedezcan.

Los Principios del Centurión

DIMENSIONES JERÁRQUICAS QUE PODEMOS ALCANZAR EN LA ESFERA ESPIRITUAL

Para tener la capacidad de enfrentar una batalla espiritual, debemos conocer que existen jerarquías; el arcángel Miguel peleaba contra el querubín Lucifer y no se atrevió a reprenderlo puesto que era de una jerarquía más elevada, aunque estaba caído; sin embargo, Miguel acceso a una autoridad más alta diciendo: "¡Que el Señor te reprenda!".

Esto nos indica que cuando guerreamos espiritualmente debemos estar bajo coberturas, autoridades que nos cubre para no presentarnos a pelear como los hijos de Esceva que eran exorcistas ambulantes y

que el ente espiritual les contesto a ustedes no los conozco y los dejó golpeados y desnudos de tal forma que lo evidente fue que estaban sin cobertura para enfrentar aquel tipo de jerarquía.

En el libro de Daniel hay versículos muy evidentes de la batalla espiritual, efectivamente, cuando el siervo empezó a orar y pedir revelación había un principado (el de Persia) que se oponía a que la respuesta de Dios llegara.

Daniel 10:13 "Mas el príncipe del reino de Persia se me opuso por veintiún días, pero he aquí, Miguel, uno de los primeros príncipes, vino en mi ayuda, ya que yo había sido dejado allí con los reyes de Persia.

Desde luego que pertenecemos a un ejército, y Pablo nos califica como soldados; estamos siendo llamados a enfrentar diferentes tipos de batallas como lo explicaba anteriormente. Por lo tanto, debemos asumir que en una lucha espiritual tenemos que tener estrategias y por sobre todos, ser espirituales y sabios. En el libro de Daniel se nota que había una remoción de poderes y lucha de principados.

Efesios 6:12 'Porque nuestra lucha no es contra sangre y carne, <u>sino contra principados [ARCHES]</u>, contra potestades [EXOUSIAS], contra los poderes [KOSMOKRATOS] de este mundo de tinieblas, contra las {huestes} espirituales de maldad [PONERIAS] en las {regiones} celestes.

<u>Estos seres no están encarcelados, viajan en la tierra y en las regiones celestes</u> y desde luego tienen capacidad de ataque y es por lo que debemos estar alertas para derrotar y ser más que vencedores.

Los Principios del Centurión

Esta estructura está ligada a las tinieblas, pero así mismo hay estructura ligada a la luz.

SERAFINES   ADORADORES
QUERUBINES   PROTECTORES
ARCÁNGELES   GUERREROS
ÁNGELES   MENSAJEROS

Con esto podemos determinar que hay 4 jerarquías de luz conocidas y 4 de tinieblas y en lo humano también hay 4.

En el siguiente versículo las podemos observar

Daniel 4:17 "Esta sentencia es por decreto de los vigilantes, y la orden es por decisión de los santos, con el fin de que sepan los vivientes, que el Altísimo domina sobre el reino de los hombres, y se lo da a quien le place, y pone sobre él al más humilde de los hombres".

Aquí podemos ver como hay cuatro jerarquías muy precisas que podemos alcanzar los seres humanos

Hombres
Vivientes
Santos
Vigilantes

Aparte, esto tiene un significado muy profundo, deseo compartirlo o visualizarlo desde la panorámica de un soldado.

 José Fernando Campos

1ra. JERARQUIA

Simples hombres convocados a algo extraordinario y sublime. Servidores del Dios vivo.

Salmos 8:3 *"Cuando veo Tus cielos, obra de Tus dedos, la luna y las estrellas que tú has establecido",*
v. 4 "digo: ¿Qué es el hombre (EL ENOSH) para que de él te acuerdes, y el hijo del hombre para que lo cuides?"
v. 5 "Sin embargo, ¡lo has hecho un poco menor que los ángeles, y lo coronas de gloria y majestad!
v. 6 "Tú le haces señorear sobre las obras de Tus manos; todo lo has puesto bajo sus pies".

Somos llamados como hombres, débiles, vulnerables, llamados *Enosh*, pero seremos llevados a dimensiones impresionantes por medio de las luchas que enfrentemos y reconociendo nuestras debilidades el poder de Dios se manifiesta en nosotros

Hombre

Hombría, honor, gallardía, valor, entrega.

(H606 אֱנוֹשׁ enásh) humano, derivado de (H582 enósh) *hombre* en general (singular o colectivo):- amigo, aspecto, extranjero, gente, hombre, humano, marido, mortal, varón, viril, siervo.

En la mayoría de los casos en que aparece el vocablo sugiere, a diferencia de Dios, la fragilidad, vulnerabilidad y limitación del «**hombre**» en el tiempo y el espacio.

Cuando un hombre se enlista en el ejército, no tiene idea del entrenamiento que va a recibir y todo lo que esto implica, no solo para su presente, sino para el futuro.

La enseñanza principal se basa en tres cosas:
1) Cuidar su vida
2) Cuidar la vida de su equipo
3) Defender la causa por la que pelea.

Vivientes

Sentido de supervivencia, el valor de la vida de los demás integrantes

> **(H2417** kjai (caldeo)) de H2418; *vivo;* también (como nombre en plural) *vida* :- vida, viviente.
> **(H2418 kjayá** (caldeo)); *vivir:-* vida, vivir.

del equipo. El cuidar y estimar su propia vida.

El espíritu de vida, elemento básico para continuar en la carrera a pesar de las circunstancias; el soplo divino, el espíritu que proviene de su boca para dar aliento al necesitado, para defender la causa de los más débiles, para luchar y destruir a sus enemigos.

Cuantas veces te has enfrentado a una batalla y a la mitad clamas diciendo: ¡ya no puedo más!? La respuesta no viene, no se oye una voz de esperanza, el combate parece perderse, pero tú sabes que a pesar de todo esto, tu fe parece inquebrantable, creyendo firmemente que la ayuda vendrá, serás investido del poder del Santo y saldrás avante, pulido como el oro y con un galardón puesto en tu corazón. El soldado entiende que para llegar a ser eficaz en el combate, debe de pasar muchas pruebas para poder tener resistencia a la hora de la batalla.

Nosotros como hijos de Dios, debemos comprender que Él es Varón de guerra y que nuestro Señor Jesucristo es un varón experimentado en quebrantos y aflicciones; por eso algunos no entienden que viéndonos casi vencidos, tomamos fuerzas y volvemos a luchar y con más valor que antes.

 José Fernando Campos

Estamos entrando a la dimensión de vivientes, <u>hombres mortales llenos del Espíritu de Dios para hacer proezas</u>.

En nuestras vidas seremos llevados a dimensiones cada vez más altas y se cumplirá que, aunque somos débiles, en la debilidad se perfecciona el poder.

Job 30:20-23 "Clamo a ti, y no me respondes; me pongo en pie, y no me prestas atención". "Te has vuelto cruel conmigo, con el poder de tu mano me persigues". "Me alzas al viento, me haces cabalgar *en él,* y me deshaces en la tempestad". "Pues sé que a la muerte me llevarás, a la casa de reunión de todos los vivientes".

Job, en medio de la gran prueba de salud, económica, sentimental y espiritual, clamaba preguntado y la respuesta no llegaba. Había perdido toda su fortuna (*económica)*, le había caído una enfermedad en todo su cuerpo **salud**, se habían muerto sus hijos (**sentimental)**, y satanás (¡que el Señor. lo reprenda!), se había levantado contra él, (*espiritual).*

Básicamente no le quedaba más que hacer que pensar en la muerte y en su reunión con los vivientes; sin embargo, el Señor nuestro Dios, deseaba que Job fuera llevado a una jerarquía más alta como hijo de Dios y que a través de muchos padecimientos encontrara el sentido de la vida y de la bendición.

Un viviente que se comporta así, es porque ha tomado el valor genuino de las cosas.

Salmos 27:13 *"Hubiera yo desmayado, si no hubiera creído que había de ver la bondad del SEÑOR en la tierra de los* <u>vivientes".</u>

La Esperanza de David se ve reflejada en los momentos difíciles de su vida. Él era un guerrero natural, un hombre luchador, que se abrió camino entre las tropas sabiendo que el gigante no lo había desafiado a él sino al Dios de Israel. Lleno de fe, valentía y determinación fue y derribo al gigante, investido del poder de Dios.

El Señor nos llama a grandes retos y es ahí donde debemos clamar, porque venga sobre nosotros el espíritu de vida para ver al final de nuestros días que si la bondad del Señor no hubiera estado, nunca hubiéramos accesado a la tierra de los vivientes.

Jeremías 11:19 "Pero yo era como un cordero manso llevado al matadero, y no sabía que tramaban intrigas contra mí, diciendo: ¡Destruyamos el árbol con su fruto, y cortémoslo de la tierra de los vivientes, para que no se recuerde más su nombre!

Todo aquel que pelea en el Ejercito de Dios, debe saber que son muchos los adversarios, el Salmo 3 evoca que se han multiplicado y que acusan diciendo ¡no hay más esperanza de salvación para él!, pero el salmista contesta *más Tú, oh Señor, eres mi escudo y quien levanta mi cabeza.*

Job entendía el concepto que había de destrucción y muerte en medio de aquella prueba, y cuando poco a poco iba alcanzando la meta, cuando se veían sus frutos florecer, era precisamente el momento en el que sus enemigos deseaban terminarlo de una vez por todas. Querían borrar su nombre (estos versículos contienen un significado más profundo en lo profético, representando precisamente la muerte de Cristo) así en estos días en muchos lugares del planeta quieren borrar el nombre de Cristo de la mente de las personas. Cuando piensen que lo van a lograr va a ser precisamente el momento en que perderán la batalla.

Job 28:12,13 "Mas la sabiduría, ¿dónde se hallará? ¿Y dónde está el lugar de la inteligencia? No conoce el hombre su valor, ni se halla en la tierra de los vivientes".

 *José Fernando Campos*

Para alcanzar la estatura de vivientes, debemos encontrar el valor de la sabiduría y la inteligencia; buscándolas y aplicándolas a nuestra ruta de vida, nos convertiremos en vivientes.

Santos

Separados para tareas especiales; pertenencia total a la institución que pertenecen, a la obra que realizan y equipados para la batalla.

Hace ya muchos años, salió una película muy interesante e inspiradora, *"Rescatando al soldado Ryan"*, protagonizada por Tom Hanks y un elenco de reconocidos actores. En este film se destaca el interés del presidente de los EEUU en poder entregar sano y salvo al soldado Ryan, único hijo sobreviviente de la Segunda Guerra Mundial; de una mujer que se había quedado sola ya que sus demás hijos habían muerto valientemente en combate. Sé le encomienda una misión a Hanks y a su equipo para rescatarlo en medio de un sin número de obstáculos y peligros a tal punto que al final logran su misión, a costa de sus propias vidas. Estos soldados fueron separados para una comisión especial, se consagraron; cuando llevaron a cabo su objetivo, y se convirtieron en héroes por salvar la vida de un miembro del ejército que sería la felicidad para su madre desconsolada por la pérdida de sus hijos, y marcarían en la mente del soldado Ryan, que hubo vidas entregadas para salvar la suya.

Santo es separado, apartado, dedicado a Dios.

> **(H6922 caddish),** raiz H6918: - santo, (el) Santo.
> **(H6918 cadósh),** de H6942; *sagrado, Dios* (por su eminencia), *ángel, santo, santuario*: - consagrado, dedicado, santo, (el) Santo.

Las raíces hebreas lo dicen todo a continuación.

Éxodo 19:5,6 "Ahora pues, si en verdad escucháis mi voz y guardáis mi pacto, seréis mi especial tesoro entre todos los pueblos, porque mía es toda la tierra; y vosotros seréis para mí un reino de sacerdotes y una nación santa."

El Señor nos llama a que separamos lo vil de lo precioso, como se le ordenó a Jeremías, el Profeta, y a la vez nosotros para ser vasijas de honra, debemos de observar qué introducimos en nuestro corazón, que nos puede perjudicar.

SOMOS APARTADOS PARA SERVIRLE A EL

Somos soldados en el ejército más poderoso.

1ª. Pedro 2:9, 10 "Pero vosotros sois linaje escogido, real sacerdocio, nación santa, pueblo adquirido para posesión de Dios, a fin de que anunciéis las virtudes de aquel que os llamó de las tinieblas a su luz admirable; pues vosotros en otro tiempo no erais pueblo, pero ahora sois el pueblo de Dios; no habíais recibido misericordia, pero ahora habéis recibido misericordia".

TENEMOS EL COMPROMISO, Y EL LLAMADO PARA SER SANTOS

Lev 20:26 "Me seréis, pues, santos, porque yo, el SEÑOR, soy santo, y os he apartado de los pueblos para que seáis míos.

La santidad no es algo que se logra por nuestras propias fuerzas o voluntad, sino que es una consecuencia. Él es Santo y porque lo es, nosotros también lo somos. Somos su propiedad.

 *José Fernando Campos*

Vigilantes

> **(H5894) IR** raíz H5782; guardián, i.e. ángel (como guardián):- vigilante.
> **(H5782) UR** abrir los ojos; despertar, alzar, avivar, blandir, despertar,-se, excitar, levantar, mover, suscitar, velar.

Atalayas, hombres dispuestos a alertar y a valorar el puesto que se les ha conferido.

Esta jerarquía corresponde a aquellos que por su madurez y pericia, pueden alertar a otros del peligro que se avecina. Esto no es más que la instrucción que podemos compartir para que aquel que se encuentra en un peligro inminente, se pueda apartar para hacer lo bueno delante de Dios. En el siguiente versículo, contemplamos la palabra despierta, está palabra es UR y significa abrir los ojos como lo vemos en el original hebreo por medio de la concordancia *Strong*.

Isaías 50:4-5 "El Señor DIOS me ha dado lengua de discípulo, para que yo sepa sostener con una palabra al fatigado. Mañana tras mañana me despierta, despierta mi oído para escuchar como los discípulos. El Señor DIOS me ha abierto el oído; y no fui desobediente, ni me volví atrás".

El aprender a ser discípulo por medio de un oído bien afinado, nos ayuda para que estemos atentos a las artimañas del enemigo.

Joel 3:9,10 "Proclamad esto entre las naciones: Preparaos para la guerra, despertad a los valientes; acérquense, suban todos los soldados. Forjad espadas de vuestras rejas de arado y lanzas de vuestras podaderas; diga el débil: ¡Fuerte soy!

Los Principios del Centurión

Cuando viene el peligro, se hace una alerta, una proclama que dice: ¡despierten a los valientes! a los ya preparados para la batalla.

El ejército de Dios no está compuesto de hombres fuertes, por el contrario, débiles que proclaman sobre sus vidas la fortaleza de Jehová y la llenura de su Espíritu que los enviste de poder para cualquier combate.

Jue 5:12 "Despierta, despierta, Débora; despierta, despierta, entona un cántico. Levántate, Barac, y lleva a tus cautivos, hijo de Abinoam.

Una mujer guerrera se levanta como una vigilante, **Deborah es su nombre**, guiando a Barac para el combate contra Sisara, un reino terrenal con una potestad espiritual sobre ellos que los hacia ganar cualquier combate hasta que se enfrentaron al ejército del Dios vivo.

Cantares 5:2 "Yo dormía, pero mi corazón velaba, ¡Una voz! ¡Mi amado toca *a la puerta!* "Ábreme, hermana mía, amada mía, paloma mía, perfecta mía, pues mí cabeza está empapada de rocío, mis cabellos *empapados* de la humedad de la noche."

La mujer en vela, oye la voz de su amado, el vigilante que ha sido preparado como discípulo, sus oídos están equipados para oír la voz de Dios.

Isaías 42:12,13 "Den gloria al SEÑOR, y proclamen en las costas su alabanza. El SEÑOR como guerrero saldrá, como hombre de guerra despertará su celo; gritará, sí, lanzará un grito de guerra, contra sus enemigos prevalecerá.

El Señor ira adelante despierta su celo y eso es en guardia. Nuestro Dios no duerme, no se cansa, no conoce la derrota y el vigila por nosotros porque si no lo hace en vano vigila la guardia.

José Fernando Campos

LOS TRES ELEMENTOS QUE RIGEN LA VIDA DE UN SOLDADO

Es imposible gobernar rectamente el mundo sin Dios y la Biblia. General George Washington

Como soldados de Cristo, nuestra misión es precisamente predicar el evangelio, y al ir proclamando Su palabra por toda la tierra, hacer discípulos formados para toda buena obra.

Esto me recuerda el momento preciso en que Jesús es apresado y Pedro muy emotivamente conmocionado toma la espada y le corta la oreja a Malco. El Señor le replica que no es el método que se va a usar en el reino de los cielos, sino que nuestra lucha ha pasado a una dimensión espiritual que permite, nuestra entrega por la fe.

Mateo 26:51-54 *"Y sucedió que uno de los que estaban con Jesús, extendiendo la mano, sacó su espada, e hiriendo al siervo del sumo sacerdote, le cortó la oreja". "Entonces Jesús le dijo: Vuelve tu espada a su sitio, porque todos los que tomen la espada, a espada perecerán". "¿O piensas que no puedo rogar a mí Padre, y El pondría a mí disposición ahora mismo más de doce legiones de <u>ángeles</u>? "Pero, ¿cómo se cumplirían entonces las Escrituras que dicen que así debe suceder?*

Es precisamente la fe, el motivo de poner como ejemplo a Juan Huss, un predicador y sacerdote católico que se comportó verdaderamente como soldado, hasta que el concilio juzgatorio determinó que debía de morir en la hoguera. Él mismo, cuenta la historia, que aproximadamente 100 años después fue motivo de inspiración para Martín Lutero y otros reformistas que estaban hastiados de tanta injusticia e iniquidad religiosa.

En parte hablando y en parte profetizando expreso está frase:
Vas a asar un ganso, pero dentro de un siglo te encontrarás con un cisne que no podrás asar.
~Juan Huss

Efectivamente para un soldado la fe es un factor indispensable desde el día que lo reclutan, hasta el día que le dan de baja. En cada momento, en el entrenamiento, en la misión, en el ataque y en la victoria o derrota, todo soldado se debe aferrar a la fe.

El valor de la fe

Señor Jesús, es por Ti que yo soporto con paciencia ésta cruel muerte; te ruego que tengas piedad de mis enemigos.
~Autor Juan Huss (muerto en la hoguera)

José Fernando Campos

Todo su caminar y el testimonio de vida que dio, fue para ejemplo de generaciones y efectivamente un soldado cuando enfrenta el pelotón de fusilamiento lo hace con gallardía.

Me recuerda a Tom Cruise ejecutando magistralmente el papel del coronel Claus, Philipp, Maria, Justinian, Schenk y Graf Von Stauffenberg en la película *"Operación Valkiria".*

Uno de los atentados y motines en contra de HITLER, que casi obtuvo éxito, sin embargo; al no obtenerlo fue condenado por alta traición y llevado al paredón de fusilamiento muriendo con gallardía.

Al ver estas dos vidas, Huss, él primero entrega su vida sin ninguna arma bélica, pero con una ponderosa espada en su boca y su entrega fue en gozo y en victoria delante de Dios.

El Coronel muere indignado de no lograr su propósito, lleno de amargura y dejando una ola de tristeza y frustración.

Ambos soldados, pero uno con la **fe puesta en Jesucristo** y el otro **con la fe en sí mismo.**

Elige a quién vas a servir, ¿a Dios o al mundo y a ti mismo?
¡En Dios está la victoria!

El valor de la autoridad

> *"¿Voy a estar en Silencio? ¡Dios no lo permita! Ay de mí sí me callo. Es mejor morir, a que no me oponga a ésta impiedad, o que me haga participante de la culpa del infierno."* Autor: Juan Huss

Carl Brashear fue una noticia al ser el primer afroamericano en llegar a obtener el grado de maestro de buceo especializado de la marina

Los Principios del Centurión

de EEUU. Este hombre estuvo bajo el mando del maestro Billy Sanders y fueron retratados por Cuba Gooding Jr. y Robert De Niro en la película **"Hombres de honor"**.

A pesar de tener una mala autoridad y siendo relegado a una segunda categoría por ser afroamericano, se impuso contra todo tipo de obstáculos por alcanza su objetivo.

Hay hombres de honor que no cambian sus principios hasta lograr lo que ellos se han propuesto y en lo que han creído. Ambos hombres, Huss y Brashier, creyentes del Dios Todopoderoso, se propusieron hacer algo distinto.

En el Caso de Huss obedeció a la autoridad de Dios, porque era imposible que sus autoridades respaldaran la verdad por la que murió quemado. Brashier, obedeció a su autoridad dando testimonio de su fe inquebrantable que sirvió de testimonio para que su entrenador el maestro Billy Sanders dejara el vicio del alcoholismo. Al ver que el cocinerito, como le llamaba, era un ejemplo de vida.

Nosotros, como hijos de Dios, debemos obedecer a nuestras autoridades y franquear todos los obstáculos, porque esto forma nuestro carácter y nos define a tal punto que nos convertimos en testimonios de vida.

El valor en la batalla

"Con el mayor gozo, confirmaré con mi sangre ésta verdad que he escrito y predicado." Autor: Juan Huss (en la hoguera)

Cuando una persona se distingue de las demás y muestra su valor, no siempre será condecorado por los hombres; sin embargo, delante de Dios, nada es oculto y Él dará a cada quien su recompensa.

José Fernando Campos

Estas frases son del predicador norteamericano y defensor de los derechos civiles, ~Martin Luther King.

"Tengo un sueño, un solo sueño, seguir soñando. Soñar con la libertad, soñar con la justicia, soñar con la igualdad y ojalá ya no tuviera necesidad de soñarlas".

"Hemos aprendido a volar como los pájaros, a nadar como los peces; pero no hemos aprendido el sencillo arte de vivir como hermanos"

"Siempre es el momento apropiado para hacer lo que es correcto"

"Si supiera que el mundo se acaba mañana, yo, hoy todavía, plantaría un árbol".

"Da el primer paso con fe. No tienes por qué ver toda la escalera. Basta con que subas el primer peldaño".

Creo, en lo personal, que desde que le colocaron su nombre al nacer, lo conectaron con aquel hombre que inicio la reforma en contra de la tiranía y abuso religioso de su época.

Todos estos hombres de valor, Huss, Lutero y King, fueron hombres que en la batalla no menguaron, sino procedieron en su lucha hasta alcanzar su objetivo y llegar a la cima de sus ideales; sueños y visiones provenientes de Dios en favor de su pueblo.

Esta Primera parte ha sido para describir en cierta forma la mentalidad y panorámica de un soldado en distintas circunstancias y ambientes. Nosotros como hijos de Dios nos corresponde entender y aplicar estos elementos en nuestra *carrera cristiana* para convertirnos en **Compañeros de Milicia**.

Parte II
EL CENTURION DE LA FE

No se sabe quién era, pero su fe y su clamor fueron algo maravilloso para Jesús.

Cuando empecé a escribir este libro, lo hice pensando precisamente en este centurión. La Biblia no dice su nombre, mucho se ha escrito acerca de él. Sermones completos acerca de su actitud frente a la enfermedad de uno de sus siervos. Sin embargo actualmente se ha dicho que el siervo era un homosexual que se dedicaba a complacer a su amo. De allí parte que muchas Iglesias (si se pueden llamar así) han dado cabida a personas homosexuales, sin conducirlos al arrepentimiento y se basan en estos versículos para apoyar esta aberración. Por mi parte deseo

aclarar este punto de vista, exaltando el poder de la fe en combinación con la santidad de Cristo y su manifestación milagrosa por medio de su palabra.

A continuación los versículos que relatan esta historia:

Mat 8:5 Y cuando entró Jesús en Capernaúm se le acercó un centurión suplicándole, Mat 8:6 y diciendo: Señor, mi criado está postrado en casa, paralítico, sufriendo mucho. Mat 8:7 Y *Jesús* le dijo*: Yo iré y lo sanaré. Mat 8:8 Pero el centurión respondió y dijo: Señor, no soy digno de que entres bajo mi techo; mas solamente di la palabra y mi criado quedará sano. Mat 8:9 Porque yo también soy hombre bajo autoridad, con soldados a mis órdenes; y digo a éste: "Ve", y va; y al otro: "Ven", y viene; y a mi siervo: "Haz esto", y *lo* hace.

Mat 8:10 Al oír*lo* Jesús, se maravilló y dijo a los que *le* seguían: En verdad os digo que en Israel no he hallado en nadie una fe tan grande.

Principio de Fe

> La fe es una posesión de los que nunca se dan por vencidos. Fernando Campos
> La fe es la característica del inquebrantable, es el arma secreta del indefenso, la herencia del exitoso y la verdad de lo invisible. Fernando Campos
> La fe es el rayo que conduce a la esperanza. Fernando Campos
> La fe es la semilla del árbol fructífero, es el principio del triunfo, es un poder interno que se gesta en aquellos que confían y creen en lo invisible. Fernando Campos

Los Principios del Centurión

Creo que estas frases ilustran un poco acerca de lo que creo acerca de la fe, desde pequeño fui instruido por mi madre y mi abuelita, sobre la importancia que tendría en mi vida el creer.
El Señor nos manifiesta en su palabra por el Espíritu Santo el concepto exacto de la fe.

Heb 11:1 Ahora bien, la fe es la certeza de lo que se espera, la convicción de lo que no se ve.

Todo buen soldado debe tener tres virtudes muy importantes en su vocación como militar CERTEZA, ESPERANZA Y CONVICCIÓN, todas doncellas de la fe. Cuando El Centurión pensó que Jesús podía sanar a su siervo. Realmente en su corazon ardía una convicción que solo se mueve en aquellos en quienes no cabe la duda. Los soldados son entrenados desde el primer día de reclutamiento a vencer sus temores internos y tener la esperanza de regresar victoriosos de su misión, aun sabiendo que podrían perder la vida en la misma.

A continuación enumero 8 características que veo en la vida de este personaje tan singular en la biblia y en su encuentro con Jesús.

José Fernando Campos

1.RECIBIR ENTRENAMIENTO PARA NO DARSE POR VENCIDO:

No importa nada, solo alcanzar la victoria, no importa suplica, humillación, gemido, la misión se cumplirá pase lo que pase. La fe es una puerta **Hch 14:27** Cuando llegaron y reunieron a la iglesia, informaron de todas las cosas que Dios había hecho con ellos, y cómo había abierto a los gentiles la puerta de la fe. El centurión pensaba, había una solución, JESUS, JESUS, JESUS el hombre de palabras poderosas, de Milagros impresionantes, de carácter definido, humilde y transparente. A quien nadie le podía hacer frente. EL SEÑOR DE LO IMPOSIBLE. Quien más para poder solucionar la parálisis del siervo. Había que ir a Él. Si todos nosotros tomáramos esa actitud y buscáramos la respuesta de Dios sin darnos por vencidos creo que se lograrían grandes cosas.

2. MOSTRAR EL OBJETIVO

La samaritana dijo cómo es posible que tu siendo judío me pides agua a mí que soy samaritana... La sirofenicia le dijo hasta los perrillos tienen derecho a las migajas de sus amos y así hubo Milagros para aquellos que no estaban incluidos dentro del plan JESUS DIJO ME CORRESPONDE IR PRIMERO A LA CASA DE ISRAEL ! como pues un centurión Romano, responsable de castigos, vejámenes y torturas al pueblo del Señor, podría optar a que el Señor se fijara en El ... indago acerca de quién era Jesús y su interés por los necesitados, supo conducirse con respeto y envió delegaciones para solicitar su petición

3.INDAGA LAS CIRCUNSTANCIAS

alternativas, se prepara para que si un plan no funciona el otro sin duda lograra su propósito. Pero siempre esta consiente que las cosas no pueden salir como se espera. Es allí donde opera un elemento muy importante, la esperanza, la cual no produce vergüenza, al contrario va generando convicción, elemento muy importante para triunfar. Para no importunarlo con que diga la palabra de sanidad es más que suficiente. **Para el Centurión la fe funciono como una coraza, que le permitio creer a pesar de lo que el miraba en contra 1Ts 5:8** *Pero puesto que nosotros somos del día, seamos sobrios, habiéndonos puesto la coraza de la fe y del amor, y por yelmo la esperanza de la salvación.*

4.TODO PUEDE SALIR MAL

hay que irlo a buscar... y si se niega en venir? No importa suplicaremos y clamaremos. Heb 12:2 puestos los ojos en Jesús, el autor y consumador de la fe... El Centurión sabía que si Jesús se interesaba en su problema no había porque temer. Llamo a los que tenían algún reconocimiento dentro del pueblo judío a los ancianos y les hablo diciendo que el mismo no se sentía digno de ir a buscarlo. La duda es una de las armas ponderosas del enemigo para que no logremos nuestro objetivo por esto la fe es un escudo que protege tu corazon **Efe 6:16** *en todo, tomando el escudo de la fe con el que podréis apagar todos los dardos encendidos del maligno.*

 José Fernando Campos

Un buen soldado no se rinde fácilmente, siempre busca opciones o

5. AVANZA Y EXAMINA OPORTUNIDADES

No te detengas a pensar mucho tiempo porque puede ser que la oportunidad que tengas se te vaya de las manos. Qué oportunidad habría para un soldado del ejército de Roma, enemigo del pueblo de Israel? Ninguna. Pero no te detengas avanza, avanza, avanza, las circunstancias de la vida pueden estar en tu contra, pero Jesús examinara tu corazon y concederá la petición, la necesidad era apremiante y el dolor estaba quebrando el alma, una palabra de Consuelo, exhortación y sanidad solo pueden venir del autor mismo de la vida. Firmeza es una de las posiciones más importantes de la formación del pelotón firmes y dignos, sin detenernos, hasta la victoria. Si alcanzamos gracia delante de sus ojos, alcanzaremos como la reina Ester, la concesión de vida para ella y su pueblo. Rom 5:2 por medio de quien también hemos obtenido entrada por la fe a esta gracia en la cual estamos firmes, y nos gloriamos en la esperanza de la gloria de Dios. La fe es una llave.

6. NO MIRES ATRÁS

Una vez te lo has propuesto no retrocedes hasta lograr el milagro. La mujer del flujo de sangre, el ciego Bartimeo, leprosos, prostitutas, pecadores, publicanos rompieron la atadura de su pasado y lo echaron fuera de su mente y vieron su futuro lleno de sanidad y de liberación, se llenaron de fe encaminando sus pasos hacia el Señor alcanzaron el éxito. **La Fe es un Rudimento Heb 6:1** *Por tanto, dejando las enseñanzas elementales acerca de Cristo, avancemos hacia la madurez, no echando otra vez el fundamento del arrepentimiento de obras muertas y de la fe hacia Dios*

7. MEJORA CONTINUA

> *Una vez diste un paso, QUE ESPERAS!!! Da el otro y sigue avanzando, DILIGENCIA!!! ES LA EXPRESIÓN, busca después dar frutos, da de gracia lo que de gracia recibiste.* **La fe es salvación, y la salvación es progresiva hacia la santidad.** *Efe 2:8 Porque por gracia habéis sido salvados por medio de la fe, y esto no de vosotros, sino que es don de Dios; no por obras, para que nadie se gloríe. La fe como don*

8. TUS CREDENCIALES, TU AMOR POR LA OBRA Y EL TRABAJO EN EQUIPO

> *Como Dorcas cuando partió de esta tierra, las mujeres mostraban lo que ella hacia y su testimonio de buenas obras, eran evidencia de su fe. Esto fue el vehículo que condujo a Pedro a pedir por su vida al Señor y levantarla en el poder del Espíritu Santo. Que trabajo el del centurión, un equipo un poder de conjunto, ancianos, siervos delegados, todo un sequito para suplicar, que interesante. Cuando pasemos por una circunstancia, pensemos que no estamos solos, se debe armar un equipo de intercesores, gente de Guerra, pero debemos de recordar, nuestras obras cuentan delante de Dios.*

 *José Fernando Campos*

Acerca de la fe; por Fernando Campos

- ➢ El camino de la fe, se hace tortuoso cuando te rodeas de incrédulos.
- ➢ Una señal de que vas en el camino de la fe, es que tu esperanza ira de aumento en aumento.
- ➢ Si rechazas la fe, rechazas tu visión, si rechazas tu visión te rechazas a ti mismo y si lo haces, has entrado en el mundo de la miseria.
- ➢ Todos te dicen, ten fe, hasta que les dices, acompáñeme.
- ➢ La fe es el motor de la intercesión, y esta, el valor que uno siente, cuando pides por un hermano.
- ➢ Todo es imposible cuando no se tiene fe. Parece tan fácil la salvación que muchos la desprecian.
- ➢ En el ejército, se aprende, se avanza, se pelea y se muere con fe.
- ➢ Cristo es el autor y consumador de la fe, cuando lo aceptas, te conviertes en un libro, un testimonio donde quien firma es Él.
- ➢ Todo el que empieza y no termina, le fallo la fe.
- ➢ No hay pobreza y miseria más grande, que dejar de creer en el autor de la vida.

Efe 4.5 RVA "Hay un solo Señor, una sola fe, un solo bautismo"
Cada vez que se empiece a generar una fe extraordinaria sobre algo o alguien en tu vida, van a aparecer burladores, personas que piensan que sus vidas son ejemplo de constancia, reglas, normativas etc.... y lo que sucede es que son obtusos, mente cerrada que no pueden ver más allá y franquear la barrera de lo imposible. Con esto no estoy desvalorando las reglas y las normativas. Lo que hago es aconsejarte en el sentido de que los fariseos teniendo tantas reglas, normativas y mandamientos no les fue posible creer en Jesús y un centurión cargado de fe pudo recibir la impartición del poder de la palabra creativa de nuestro Señor en la vida de su siervo.

Si tú quieres hacer la diferencia, se diferente. Piensa en la dirección de la fe y cree que todo lo imposible se va a hacer realidad delante de tus ojos.

Solo alguien que ha estado muerto en sus delitos y pecados sin esperanza de vivir y su vida se ha vuelto un laberinto, reconoce el poder majestuoso y soberano de la mano de Dios en su vida y como fue extraído del poder de la maldad y colocado como príncipe sobre el pueblo de Dios. Pasando de muerte a vida y generando una expectativa en su corazon de triunfo y de victoria cuando lo único que veía era fracaso e incertidumbre por todos lados.

O sea que tú has sido elegido por el Señor para salir de este mundo y É convertirse en tu puerta de salida.

Esto me lleva a pensar en:

LAS EXTRACCIONES DE DIOS

Ay....
De donde Dios nos sacó
Jer 29:11 Porque yo sé muy bien los planes que tengo para vosotros —afirma el Señor—, planes de bienestar y no de calamidad, a fin de daros un futuro y una esperanza.

Muchas veces por falta de fe, la visión se limita a tal grado que no pueden ver la obra de Dios en sus vidas. Todo lo bueno que Él ha hecho. Resultan como ciegos y malagradecidos por no poseer el buen ojo como lo dice la palabra: Mat 20:15 ¿O es tu ojo malo porque yo soy bueno?" El Señor va sacando. Como un buen padre evita la contaminación de su

hijo, así Él tiene planes de bendicion para nosotros. Observemos de donde nos sacó:

DE EGIPTO

> EXO 12:51 Y sucedió que aquel mismo día, el Señor sacó a los hijos de Israel de la tierra de Egipto por sus ejércitos.

Mat 2:15 DE EGIPTO LLAME A MI HIJO. Muy interesante el Señor quiere librarte de la mentalidad de esclavitud, de la cual muchos no pueden y otros no quieren. Que digo con esto? LOS VICIOS, LA OPRESIÓN, ANGUSTIAS, ESCASES, HAMBRE Y APARTE DE TODO SER PROPIEDAD DE UN TIRANO. Todo aquello que se quiera convertir en tu dueño, que te limita a pensar, a correr, a tener visión, espíritu de conquista, a pensar en grande. Eso, Eso, Eso mismo que estás pensando que no te ha permitido avanzar de eso DIOS TE VA A SACAR CON MANO PODEROSA Y AUN CON PRODIGIOS Y MILAGROS PORTENTOSOS. Serás libre del vicio y de lo que te mantenía como esclavo. HOY MISMO, AHORA, POR FE Y PARA FE ERES LIBRE EN EL NOMBRE DE JESUS...

DE LAS CARGAS EGIPCIAS

> EXO 6:7 "Y os tomaré por pueblo mío, y yo seré vuestro Dios; y sabréis que yo soy el Señor vuestro Dios, que os sacó de debajo de las cargas de los egipcios.

Mat 23:4 Atan cargas pesadas y difíciles de llevar, y las ponen sobre las espaldas de los hombres, pero ellos ni con un dedo quieren moverlas. En este versículo pareciera que está hablando de capataces Egipcios, para asombro está hablando de intérpretes de la ley. Como es posible que ahora se coloque cargas en aquellos recién convertidos al Cristianismo? Cuando acaban de ser extraídos de las cargas del mundo. Como es posible que muchas veces se imponen de una manera tan brusca que los hacen esclavos de la religión y no hijos de salvación? **Dios quiere exterminar tus cargas incluyendo por supuesto las religiosas, para que vivas agradándole en todo y que tu intimidad con Él sea llena de amor en el Espíritu.**

DE SER SIRVIENTES

> EXO 13:14 Y será que cuando tu hijo te pregunte el día de mañana, diciendo: "¿Qué es esto?", le dirás: "Con mano fuerte nos sacó el Señor de Egipto, de la casa de servidumbre.

Conozco a muchas personas que el Señor les proveyó de una empresa o negocio, dejaron de ser empleados se lanzaron a un proyecto empresarial, **dejaron de oir el no puedes, no lo vas a lograr, eso es imposible, te va a ir mal, vas a quebrar en los primeros meses, tu producto nadie lo va a querer, simplemente no es bueno no sirve, estás loco, vas a dejar un empleo seguro para algo que no sabes si funcionara, etc....** veo más prometedor a una persona que vende chicles en el sistema de economía informal, que aquel que tiene un empleo. Porque el primero se lanzó por fe y en la medida que esta genere en el esperanza y visión, la creatividad aparecerá y cambiara de producto y habrá desarrollo. El otro pensara en su retiro y con bendicion no lo despedirán hasta que eso pase o bien seguirá dependiendo de la comodidad de su trabajo. Me recuerda un empresario llamado JACOB

Empezó su vida tomando lugares que no le correspondían, haciendo negocios injustos, PERO CON UN ANHELO MUY GRANDE HACIA LA BENDICION PATERNAL.

Luego huyendo por sus actos deshonestos se encuentra con una visitación angélica LE CAMBIO SU IDENTIDAD Y SU VIDA

Luego como empleado siendo abusado por su patrón que era su suegro TUVO UNA VISIÓN
Se hizo pequeño empresario al lado de su suegro. Se independizo y se volvió en gran empresario y patriarca.
CAMINO A LA BENDICION DE DIOS Y AL ENGENDRAMIENTO DE UNA NACION QUE HASTA AHORA SIGUE Y SEGUIRA PORQUE ES EL PUEBLO DEL SEÑOR.

> 2Sa 22:17 Extendió *la mano* desde lo alto y me tomó; me sacó de las muchas aguas.

DE LAS MUCHAS AGUAS

Las muchas aguas es una esfera o dimensión donde es atacado el amor. Cantares 8.7, de igual manera observamos que la demanda que Dios se hace a la iglesia de Éfeso es, "has perdido tu primer amor". Cuando dice su palabra que me saco de ese lugar, está hablando que mi amor por Él, será restablecido. El centurión tuvo que experimentar algo de esto , puesto que como iba con aquella certeza y convicción a buscar a Jesús? Y como iba a interceder tan fuertemente por su siervo si no lo amaba? Claro que es definitivo y contundente que este amor estaba amparado a la santidad de Dios. Puesto que si entre ellos existía algo que no es correcto a los ojos de Dios. El Milagro no sería concedido. Santiago 4.3, 4.4 y 1.7 tomando en cuenta estos versículos no podríamos ni pensar que este siervo fuera homosexual y que serviría para los placeres impuros del soldado. Entonces cuáles son esas aguas de donde nos saca el Señor? Aguas impetuosas Salmo 124.5; El poder de nuestro ímpetu en contra de Dios. Dígase El Apóstol Pedro muy impetuoso de tal manera que llegaba a pensar humanísticamente y se dejaba usar por satanás Marcos 8.33; Esto provoca falta de sujeción, apartarse de la relacion genuina con Dios y por ultimo negarlo.

AGUAS DERRAMADAS

- ➤ PROV 5.15 Es el poder del adulterio y de las actitudes infieles hacia el Señor.

AGUAS DE CONTIENDA

- ➤ PROV 17.14 Es la ira en contra del amor verdadero. Esto provoca reacciones que pueden ir acompañadas de un espíritu de muerte.

AGUAS ESTANCADAS

- ➤ Isa 14.23 Cuando las cosas no avanzan, sin metas claras, sin propósitos en la vida, sin visión. Esto nos permite entender que estamos junto al camino y no en el camino adecuado.

AGUAS HURTADAS

- ➤ PROV 9.17 El usurpamiento de lugar. El tener algo que no nos pertenece, que no nos ha costado, codicia, envidia, robo, una vida de maldad. Es un sistema totalmente alejado de lo que le debe corresponder éticamente a un soldado verdadero. De esas aguas es sacado a ser alguien que tiene principios de defensa de su patria, de su honor y gallardía.

AGUAS DESBORDADAS

- ➤ ISA 28.2 Todo se salió de control, es un caos, en esos momentos precisos de angustia y dolor es cuando El Señor con mano ponderosa te extrae de estas situaciones y te coloca en ríos de agua de vida y ríos donde el buen pastor da reposo y alimento a su rebaño.

AGUAS PROFUNDAS

> SAL 69.1 Has sentido ahogarte alguna vez? Se ha llenado de desesperación y angustia tu Corazon. Créeme ese es el momento donde Dios trabajara por ti y te sacara de esas aguas.

DE LAS GARRAS DE MIS ENEMIGOS

2Sa 22:18 Me libró de mi poderoso enemigo, de los que me aborrecían, pues eran más fuertes que yo.

Hay distintos tipos de garras de donde te extrae El Señor, Él te toma y al Él únicamente le perteneces. Él te da las fuerzas y el corazon para liberarte de lo que te tiene agarrado.

LAS GARRAS DE LOS MEDIO HERMANOS DE JOSÉ

> GEN 37.21 BAD A José, sus hnos. lo querían matar, se había hecho odioso ante ellos. Su condición justa e irreprensible le permitía tener el favor de su padre. Esto provoco la envidia y el odio de sus medio hermanos. Así muchas veces nosotros nos encontramos presos de las garras de gente que nos aborrece y desea el mal para nosotros. Son precisamente delegados de las tinieblas que no desean que haya un rompimiento en tu vida hacia la grandeza y por lo consiguiente obstaculizan tu desarrollo. Son personas mediocres en su corazon que la única forma que tienen para detenerte es queriendo que te adaptes a lo que está establecido y donde no les puedas estorbar su comodidad (dígase pereza, conformismo, mediocridad etc..)

LAS GARRAS DE LOS MALVADOS

> JOB 16.11 hay gente muy mala, TODOS SOMOS MALOS, así lo afirma la palabra que no hay bueno ni aun uno. Sin embargo los

que hemos decidido seguir a Cristo tenemos una batalla continua contra las huestes del mal que definitivamente tienen sus representantes y delegados.

LAS GARRAS DE LOS VIOLENTOS

> JER 15.21 Tratan de usar la violencia para intimidar, congelar, estancar tus anhelos y sueños y con sus palabras se sienten poderosos y violan tu interior con palabras hirientes, porque quieren dejar una marca en tu vida de la cual no puedas sanar. Jesús examino el caso del siervo del centurión, no se dice con claridad lo que padecía, lo único que sabemos es que él lo sano y así como fue reincorporado de su situación de calamidad. Así mismo declaramos que el poder del Señor hará que tu salgas de las marcas y heridas de los violentos.

LAS GARRAS DE LOS TIRANOS

> JOB 6.23 Tiranía, abuso de autoridad, dígase desde un empleador, hasta un esposo, gobernante o incluso autoridad que se llame así misma espiritual. Cuando hay tiranía siempre hay oprimidos, subyugados, desfallecidos, decepcionados etc…. es por eso que el Señor te quiere trasladar a su gobierno. O sea cuando le entregas tu corazon a Él, Él actuara en favor tuyo te gobernara y serás feliz en el peregrinaje que llevas en esta tierra.

LAS GARRAS DEL INFORTUNIO

> HAB 2.9 cuando las cosas no salen bien y hay noticias desastrosas a tu vida, puede ser que sobre ti ya se dio una orden para que seas liberado de esta situación, pero sucede que uno se puede habituar a una vida de desgracia y luego ya no tenga fuerzas para salir. El Señor te otorga una nueva oportunidad y la debes de aprovechar.

José Fernando Campos

LAS GARRAS DE LA MUERTE

> OSEAS 13.14 la muerte misma no lo pudo contener y así ,mismo hay momentos donde él nos arrebata del mismo poder de la muerte. Si hay un decreto de muerte sobre tu vida como buen soldado (CENTURION DE CRISTO) Te levantes y declara vida sobre tu vida en el Nombre de Jesús

LAS GARRAS DEL SEPULCRO

> SAL 49.15 Un día al sonido de la final trompeta ni los sepulcros podrán retener a aquellos que con alegría y gozo durmieron esperando el promesa de la resurrección y transformación de los cuerpos.

LAS GARRAS DEL IMPIO

> SAL 17.13 muchos te querrán hacer frente incluso aquellos que tienen apariencia de piedad pero están alejados de ella. EL SEÑOR DESARMARA SUS TRAMAS Y TE LEVANTARA PORQUE EL SE ENCARGA CON SUS MANOS PODEROSAS DE ARREBATARTE DE LAS GARRAS DE LOS IMPIOS.

2Sa 22:20 También me sacó a un lugar espacioso; me rescató, porque se complació en mí.

DE LA ESTRECHEZ

La militancia en la vida, nos sirve para muchas cosas. Primariamente creo que nos ayuda para luego entender la riqueza y que esta no nos haga daño (cuando hemos aprendido con sabiduría). Luego creo que nos permite tener una visión más amplia en cuanto a lo que anhelamos, puesto que en medio de la necesidad, se despierta nuestro poder creativo para ver como salimos de ella o cómo podemos administrar lo poco que tenemos.

Tambien la estrechez nos permite aprender a vivir por fe, confiar en Dios, no apegarnos a lo material y a recibir son una fuerte sensibilidad a lo espiritual.

Estos puntos de vista son personales y por supuesto hay muchas más opiniones al respecto.

Ahora que pasa cuando Dios te muestra algo más grande?

Te lleva a un punto más alto?

Te hace contemplar lo imposible como algo fácil de alcanzar?

El centurión sabía que sus autoridades terrenales no podían hacer nada con respecto a la enfermedad del siervo. A Los médicos de su época les parecía imposible que sanara. Él pensó EXISTE UNA AUTORIDAD MAS ALTA, DEBE HABER UNA SOLUCION!!!! Consultar al dador de la vida, pedir auxilio al Dios de lo imposible y este le mostraría algo supe-

> DIOS ANHELA QUE TODOS CONOZCAMOS ESE NIVEL DONDE EL SE MUEVE. DONDE SIMPLEMENTE OCURRE LO EXTRAORDINARIO.

rior, más allá de lo que terrenalmente se podría lograr.

Mar 5:19 Pero *Jesús* no se lo permitió, sino que le dijo*: Vete a tu casa, a los tuyos, y cuéntales cuán grandes cosas el Señor ha hecho por ti, y *cómo* tuvo misericordia de ti.

Desde que Cristo hace un impacto en tu vida, de seguro, entraras a un lugar más espacioso, lleno de todas las cosas que nunca pensaste que podrían pasar.

Maria la madre de Jesús expreso:

Luc 1:49 Porque grandes cosas me ha hecho el Poderoso, santo es su nombre.

Él te va a sacar a un lugar aún más espacioso. Te va a extraer de tu estrechez y te mostrara grandes Milagros prodigios y maravillas

José Fernando Campos

Jua 1:46 Y Natanael le dijo: ¿Puede algo bueno salir de Nazaret? Felipe le dijo*: Ven, y ve.

Jua 1:47 Jesús vio venir a Natanael y dijo* de él: He aquí un verdadero israelita en quien no hay engaño.

Jua 1:48 Natanael le dijo*: ¿Cómo es que me conoces? Jesús le respondió y le dijo: Antes de que Felipe te llamara, cuando estabas debajo de la higuera, te vi.

Jua 1:49 Natanael le respondió: Rabí, tú eres el Hijo de Dios, tú eres el Rey de Israel.

Jua 1:50 Respondió Jesús y le dijo: ¿Porque te dije que te vi debajo de la higuera, crees? Cosas mayores que éstas verás.

DEL HOYO DE LA DESTRUCCION

SAL 40:2 Me sacó del hoyo de la destrucción, del lodo cenagoso; asentó mis pies sobre una roca y afirmó mis pasos.

No cabe ninguna duda, los pies vienen a ser el arma más valiosa de un soldado de infantería. Los centuriones tenían escuadrones de soldados acostumbrados a caminar largas distancias. La sanidad, firmeza y resistencia de ellos, se media por su caminar. En la senda divina trazada por Jesús se presentan muchos obstáculos, sin embargo como buenos soldados de Jesús, debemos saber con toda confianza que el Señor desea darnos un espíritu de AMOR PODER Y DOMINIO PROPIO contra toda cobardía.

JOS 1:3 Todo lugar que pise la planta de vuestro pie os he dado, tal como dije a Moisés

SAL 18:33 El hace mis pies como de ciervas, y me afirma en mis alturas.

- *SAL 18:36 Tú ensanchas mis pasos debajo de mí, y mis pies no han resbalado.*

- SAL 47:3 El somete pueblos debajo de nosotros, y naciones bajo nuestros pies.
- SAL 122:2 Plantados están nuestros pies dentro de tus puertas, oh Jerusalén.
- ROM 10:15 Tal como está escrito: ¡Cuán hermosos son los pies de los que anuncian el evangelio del bien
-

Cuando te encuentras en el foso de la desesperación es precisamente cuando te sientes impotente ante la situación que estás viviendo, es un momento de humillación severa y total, es cuando ya no te quedan fuerzas para seguir luchando, cuando la esperanza va terminando y todo cada vez empeora. Es cuando el grito que exclamas viene del fondo de tu vientre y sabes que solo Dios puede librarte o sacarte de esa terrible situación, es SOLO TU PADRE EL UNICO QUE PODRA HACER LO IMPOSIBLE...

Oyes a lo lejos una voz que habla a tu corazón y que se hace más potente

JOS 1:9 ¿No te lo he ordenado yo? ¡Sé fuerte y valiente! No temas ni te acobardes, porque el Señor tu Dios estará contigo dondequiera que vayas.

Él te toma y te da fuerzas como nunca has sentido, te determinas a seguir adelante y se empieza a cumplir el propósito de Dios para ti.

JOS 1:5 Nadie te podrá hacer frente en todos los días de tu vida. Así como estuve con Moisés, estaré contigo; no te dejaré ni te abandonaré.

Se presentaran enemigos, no quedara de ellos ninguno. El que te oprimió, el acusador, el cazador, el perseguidor y cualquier gigante quedaran derrotados.

Te convertirás en un soldado en campo enemigo que toma todo aquello que le fue quitado o robado. Y serás un rescatador de almas. ASI COMO EL CENTURION CLAMANDO POR SU SIERVO...

MAT 28:19 Id, pues, y haced discípulos de todas las naciones, bautizándolos en el nombre del Padre y del Hijo y del Espíritu Santo;

MAT 28:20 enseñándoles a guardar todo lo que os he mandado; y he aquí, yo estoy con vosotros todos los días, hasta el fin del mundo.

José Fernando Campos

TE LLENARAS DE VALENTIA PORQUE LA HUMILDAD ESO ES LO QUE HACE. DIGA EL DEBIL FUERTE SOY, DIGA EL DEBIL FUERTE SOY, DIGA EL DEBIL FUERTE SOY....

SERAS LLENO DE VALENTIA PARA:

- PARA ENTRAR: DEU 31:7 Entonces llamó Moisés a Josué y le dijo en presencia de todo Israel: Sé firme y valiente, porque tú entrarás
- PARA LLEVARLOS: DEU 31:23 Entonces El nombró a Josué, hijo de Nun, y le dijo: Sé fuerte y valiente, pues tú llevarás
- PARA DARLES: JOS 1:6 Sé fuerte y valiente, porque tú darás a este pueblo
- PARA CUIDARTE: JOS 1:7 Solamente sé fuerte y muy valiente; cuídate de cumplir toda la ley
- PARA NO TENER MIEDO: JOS 1:9 ¿No te lo he ordenado yo? ¡Sé fuerte y valiente! No temas
- PARA APLASTAR AL NECIO: JOS 1:18 Cualquiera que se rebele contra tu mandato y no obedezca tus palabras en todo lo que le mandes, se le dará muerte; solamente sé fuerte y valiente. PALABRAS DEL CAPITAN DEL EJERCITO DE JEHOVA.

Sal 78:52 Mas a su pueblo lo sacó como a ovejas, como a rebaño los condujo en el desierto; 53 los guío con seguridad, de modo que no temieron, pero el mar se tragó a sus enemigos.

AL DESIERTO

El Señor nos saca al desierto y nos saca del desierto...
Cuando en el mundo hemos desaprovechado grandes oportunidades que el Señor nos ha dado y aparte de esto nos envolvemos en los enre-

dos de este mundo. Nos damos cuenta que el faraón nos tiene esclavizados, y solo en el momento en que nuestro ojos se abren y experimentamos a través del dolor nuestras cargas empezamos a clamar es allí donde opera el milagro mismo de la extracción, porque solo conociendo a Cristo como tu señor y Salvador y sintiendo el poder perdonador y restaurador de su Ser, entenderás que es nacer de nuevo. Luego eres llevado por un sin número de pruebas que permiten formar tu carácter y esto es lo que yo le llamo el desierto de la vida en Cristo, es cuando el Señor te da únicamente lo necesario UNA COLUMNA DE HUMO UNA NUBE Y MANA DEL CIELO TODOS LOS DIAS el Espíritu Santo el Padre y el Hijo operando de una manera preciosa en medio del desierto y llevándote a un cambio de mentalidad para poder entrar a Canaán. Cuando estas realmente convencido y transformado entonces es cuando estás listo para entrar a un cambio de mentalidad

1. EGIPTO MENTALIDAD DE ESCLAVO
2. DESIERTO MENTALIDAD DE LIBRE PERO ÚNICAMENTE CON LO NECESARIO
3. CANAÁN TIERRA QUE TE DA LA OPORTUNIDAD DE CAMBIAR Y CONVERTIRTE EN UN CONQUISTADOR UNA PERSONA GUIADA POR EL ESPÍRITU PARA HACER GRANDES COSAS.

DE MIS AFLICCIONES

> Sal 107:13 Entonces en su angustia clamaron al SEÑOR y El los salvó de sus aflicciones

Esto me recuerda esta historia y deseo compartirla porque para mí ha sido una gran enseñanza...

El vaso con agua
Por Huellas Divinas |

Un psicólogo en una sesión grupal levantó un vaso de agua, todo el mundo esperaba la típica pregunta: ¿Está medio lleno o medio vacío? Sin embargo, preguntó:

– ¿Cuánto pesa este vaso?

Las respuestas variaron entre 200 y 250 gramos.

El psicólogo respondió: "El peso absoluto no es importante, depende de cuánto tiempo lo sostengo.

Si lo sostengo 1 minuto, no es problema, si lo sostengo una hora, me dolerá el brazo, si lo sostengo 1 día, mi brazo se entumecerá y paralizará.

El peso del vaso no cambia, pero cuanto más tiempo lo sujeto, más pesado, más difícil de soportar se vuelve."

Y continuó: "Las preocupaciones son como el vaso de agua.

Si piensas en ellas un rato, no pasa nada.

Si piensas un poco más empiezan a doler y si piensas en ellas todo el día, acabas sintiéndote paralizado, incapaz de hacer nada."

"Y la paz de Dios, que sobrepasa todo entendimiento, guardará vuestros corazones y vuestros pensamientos en Cristo Jesús". **Filipenses 4:6-7**

¡Acuérdate de soltar el vaso!

DE LA RED

Sal_25:15 De continuo están mis ojos hacia el SEÑOR, porque El sacará mis pies de la red.

Existen muchas circunstancias en la vida que nos pueden atrapar de tal forma, cual ave cae en una trampa. En la mayoría de veces es por nuestro proceder, el enemigo traza una serie de maquinaciones y enredos para inutilizar la vida del Cristiano, utiliza a impíos, a mujeres extrañas, a malos hábitos y costumbres, así como tradiciones ancestrales, que producen efectos cíclicos, repetitivos de generación en generación y así muchos de nuestros ancestros o tambien descendientes pueden ser presa de aquello que para nosotros fue difícil romper o decidir dejar de hacer.

- La fe cristiana es un fuego que arde dentro de nosotros, mientras la vida nos ataca con frialdades y desencantos...
- Cuando nuestros errores nos cierran los caminos... la fe nos abre una puerta para poder llegar a nuestro destino.
- La fe es creer en cosas que no vemos y la recompensa de esta fe, es ver lo que creemos.
- Cuando ponemos nuestra fe en Dios, Él pone todas sus bendiciones en nosotros. ¡Nunca pierdas la fe, pase lo que pase!
- Cuando menos lo esperes, cuando pienses que no hay solución, cuando crees que DIOS se olvidó de ti, es cuando te sorprende...
- Cuando pienses que es el final y que ya no puedes más, ahí estará Dios diciéndote: "Ahora es mi turno, permíteme ayudarte a seguir".
- Siempre recuerda que si Dios es todo lo que tienes, ¡ya tienes más de lo que necesitas!
- Piensa que lo que está fuera de tu control está bajo el control de DIOS y lo que te supera a ti, No supera a DIOS.
- Cuando lo único que nos queda es Dios, debemos de estar conscientes de que... DIOS ES MÁS QUE SUFICIENTE.
- EL PRINCIPIO DE FE ES LA FUERZA QUE SE GENERA DENTRO DE TU CORAZON DE CREER EN UN PODER SOBRENATURAL QUE TE SACARA DE TODO TIPO DE RED, TRAMPA, LAZO, ARTIMAÑA U OBSTÁCULO QUE EL ENEMIGO TE HAYA QUERIDO PONER.

 *José Fernando Campos*

DE LAS TINIEBLAS

> Sal 107:14 los sacó de las tinieblas y de la sombra de muerte y rompió sus ataduras.

El Señor nos coloca su verdadero amor en nuestro corazon, nos limpia, nos llena, nos va santificando de tal forma que luego nos demanda dar de gracia lo que de gracia recibimos, nos escoge para realizar un real sacerdocio y dar testimonio de lo que él ha hecho en nosotros por eso dice:
1PE 2:9 Pero vosotros sois linaje escogido, real sacerdocio, nación santa, pueblo adquirido para posesión de Dios, a fin de que anunciéis las virtudes de aquel que os llamó de las tinieblas a su luz admirable
Sin embargo muchos en su caminar Cristiano no dan testimonio de lo que ha sido puesto en sus corazones y aun habiendo recibido tanta misericordia, se muestran fríos y con falta de amor hacia sus hnos. en cristo. Esto los coloca en una posición de tinieblas
1JU 2:9 El que dice que está en la luz, y aborrece a su hermano, está aún en tinieblas.
Por todo esto debemos, amar a nuestros hnos. y a la vez caminar en el sendero de la luz, desechando toda tiniebla que se encuentre entre nosotros.
EFE 5:8 porque antes erais tinieblas, pero ahora sois luz en el Señor; andad como hijos de luz
Aquí menciono algunos versículos que tienen que ver con las tinieblas, de donde Dios nos saca:
Mateo 4.16 una región de tinieblas impactada por la luz de Cristo
Mateo 8.12 aun siendo hijo puedes ser echado a las tinieblas
Mateo 25.30 si no eres un buen siervo, tu servicio mediocre, te echan a las tinieblas
Lucas 11.36 todo tu cuerpo ministrado y tratado espiritualmente, no tiene parte alguna en tinieblas
Lucas 22.53 poder, tiempo y hora de las tinieblas

Juan 1.5 si las personas no te comprenden y entienden es porque o ellas son de las tinieblas y tú la luz o lamentablemente viceversa
Juan 8.12 el que sigue a Jesús entenderá, conocerá y participara de la luz
Juan 12.35 caminad mientras haya luz
JUA 12:46 Yo, la luz, he venido al mundo, para que todo el que cree en mí no permanezca en tinieblas.

Dios quiere que salgas de las tinieblas, el centurión escogió bien, entendió que hay poderes aún más allá de lo que conocen los humanos, poderes que solo pueden venir del mundo espiritual y que cuando nos acogemos al autor de la vida no podemos salir defraudados. Vaya autoridad a la que recurrió, aun Ocozías prefirió consultar al príncipe de las moscas Baal zebub que al Señor Jehová de los ejércitos

2RE 1:2 Y Ocozías se cayó por la celosía del aposento alto que tenía en Samaria, y se enfermó. Y envió mensajeros, a los que dijo: Id, consultad a Baal-zebub, dios de Ecrón, si he de sanar de esta enfermedad.

Qué triste es cuando los hijos de Dios consultan a todos menos a Dios. Aprendamos de este Centurión, en cuanto a su fe, la ubicó en donde está la vida. Y con amor por el siervo clamo intercediendo por él.

DEL MAR

> ISA 63:11 Entonces su pueblo se acordó de los días antiguos, de Moisés. ¿Dónde está el que los sacó del mar con los pastores de su rebaño?

Miriam la profetiza, Hermana de Aarón, vio atrás y no vio a ninguno de sus enemigos, se vio a salvo y en tierra firme, convencida del poder de Dios, EL GRAN YO SOY, empezó su caminar por el desierto hacia la tierra prometida, había necesidad de un cambio, tenían que salir del recuerdo del lodo, las cargas de los egipcios, de los azotes, de su sufrimiento, para entrar con una mentalidad totalmente diferente a la nueva tierra. Muchos de nosotros por no cambiar nuestra mentalidad

terrenal por una espiritual no podemos avanzar a lo que Dios nos ha prometido. Tenían que confiar en Dios todopoderoso. Nosotros sabemos que el Señor nos sacó de una pésima forma de vivir, cuando todavía obedecíamos al pecado y al enemigo de nuestras almas. Sin embargo fuimos extraídos de las aguas del bautismo y así como Israel vio a sus enemigos hundidos en el mar, nosotros al salir de las aguas debemos confesar NO QUEDO DE ELLOS NI UNO.

DE LA CARCEL

> **Hch 5:19** Pero un ángel del Señor, durante la noche, abrió las puertas de la cárcel, y sacándolos, dijo: Hch 5:20 Id, y puestos de pie en el templo, hablad al pueblo todo el mensaje de esta Vida.

Muchos confiesan que no pueden ser libres y se conforman a vivir una vida llena de desgracia, fracaso y escasa de objetivos y metas, no solo materiales, sino sentimentales y por supuesto y como prioridad espirituales. Viven en una cárcel. De un extracto que vi en el internet tome estas frases que están a continuación y que reflejan la conformidad y falta de lucha para salir de ese estado:

Sabía usted que hay una lista de canciones que cantan los prisioneros espirituales:

"*En la cárcel de tu piel estoy preso a voluntad*" cantan los que cometen fornicación y adulterio

"*En la cárcel de la mentira estoy preso a voluntad*" cantan los mentirosos

"*En la cárcel de mi lengua estoy preso a voluntad*" cantan los chismosos.

"*En la cárcel de mis riquezas estoy preso a voluntad*" cantan los materialistas y avaros

"*En la cárcel de la estética estoy preso a voluntad*" cantan los vanidosos y orgullosos

"*En la cárcel de la ira estoy preso a voluntad*" cantan los que odian y guardan rencor

"*En la cárcel de la envidia estoy preso a voluntad*" cantan los envidiosos

"en la cárcel de la pereza estoy preso a voluntad" es la canción preferida de los flojos
Estas son algunas canciones, pero la lista sigue y sigue...
Mensajes Cristianos

LA CARCEL

Hay prisioneros que por justa causa están cautivos y cuando hacen una introspección se dan cuenta que efectivamente hay razones para experimentar ese dolor. No cabe duda que la enfermedad ya sea física, sentimental o espiritual, se va convirtiendo en un tormento una enfermedad que como lo puedo ver tenia al siervo del centurión postrado. He aquí que su amo decidió interceder por el para que Jesús lo hiciera libre.

No hay cárcel de la que Jesús no te pueda liberar. El vino a darle libertad a los cautivos. Sin embargo tambien observamos en su palabra que muchos de los grandes personajes de la biblia tuvieron que pasar por cárceles de injusticia, vergüenza y oprobio. Sufriendo algunos el maltrato físico, otros vituperios, burlas y algunos incluso hasta la muerte como JUAN EL BAUTISTA.

A continuación hago un análisis de la cárcel de cada uno de estos personajes y lo que pudieron aprender y obtener:

GENESIS 39.20 JOSE Aprendió en medio de la injusticia a administrar un lugar de escasez donde en medio de las limitaciones, pudo hacer prosperar aquel lugar. Cuando tu pasas por problemas económicos Dios te está capacitando para luego administrar grandes responsabilidades. Dígase de José los siete años de vacas flacas.

JUECES 16.25 SAMSON Aprendió el valor del ministerio, entendió que la fuerza no era de él. Entendió las trampas espirituales y se convirtió en el libertador de Israel.

1 REYES 22.27 MICAIAS Vio el respaldo de Dios a la palabra que el daba. Así mismo que era diferente en su tiempo a muchos profetas que no hablaban de parte del Señor y así mismo llevaba una palabra final para ese Rey corrupto esposo de Jezabel.

Existen tantos personajes que estuvieron allí y luego fueron desarrollados espiritualmente de una forma impresionante

Hechos 12.7 pedro aprendió el poder de las cinco unciones sobre su vida levántate le dijo el ángel, unción profetica, ponte las sandalias, unción Evangelística, cíñete con el cinto de la verdad, la unción magistral, envuélvete en el manto la unción apostólica y luego sígueme la unción pastoral.

HECHOS 16.24 PABLO Aprendió que la alabanza y adoración pueden romper y abrir toda cárcel.

Y por último ONESIMO aprendió a ser útil y salir de la mentalidad de esclavo y entrar en la mentalidad de hijo de Dios y hermano en la fe de Filemón.

DEL POLVO

> 1SA 2:8 Levanta del polvo al pobre, del muladar levanta al necesitado para hacerlos sentar con los príncipes, y heredar un sitio de honor; pues las columnas de la tierra son del Señor, y sobre ellas ha colocado el mundo.

ALGUIEN QUIEN CONOCÍ POR CASUALIDAD O POR CAUSALIDAD
Hace algunos años venimos cubriendo 4 Iglesias en Filipinas y en la ocasión que fuimos a visitarlos, comente ligeramente en son de broma, voy a ir a ver a Manny Pacquiao. No cabe duda que en parte hablamos y en parte profetizamos. Tuvimos un atraso en el vuelo de regreso y la aerolínea otorgo habitaciones en un hotel muy prestigioso en Manila. Estábamos terminando de cenar y decidimos ir a ver una convención de Boxeadores veteranos de Filipinas que se había terminado en uno de los salones del hotel. Para nuestra sorpresa en la salida del hotel nos encontramos con el seis veces campeón en diferente categorías del Boxeo MANNY PACQUIAO. Nos tomamos una foto con él y a la vez pude ver

en él una persona muy necesitada y a la vez sencilla de corazon y dije este hombre es un hijo de Dios. Para mi sorpresa me entere unos meses después que había aceptado a Cristo como su Señor y Salvador y que él se prestaría a predicar su palabra en lugares donde talvez muchos de nosotros no tendríamos acceso. A continuación deseo compartir este testimonio de un hombre que fue sacado de la miseria y fue tomado por la mano ponderosa de Dios. Tomado de Juan 3.16 Net

Mientras algunos consideran que sus puños son armas...el campeón de boxeo dice la única arma que necesita es la palabra de Dios. En sus 17 años de carrera, Manny Pacquiao se abrió paso hasta la cima, convirtiéndose en el primer campeón del mundo en ocho divisiones.

SU TESTIMONIO

Pero la fama y la fortuna no fueron fáciles para Pacquiao. Sus padres se separaron cuando estaba en la escuela primaria. La pobreza extrema le obligó a abandonar su hogar y encontrar un trabajo en Manila a los 13 años para mantener a su familia. Durante un tiempo, Manny vivió en las calles. Vendía flores y trabajaba en obras de construcción para sobrevivir, y su vida cambió dramáticamente hasta a los 16 años, cuando entró en el equipo nacional de filipinas de boxeo amateur. Lo demás es historia. El mundo vio a Pacquiao derrotar a todos los rivales en el ring.

Pero mientras su carrera boxística despegaba, el sucumbía a las tentaciones del mundo que lo azotaban fuertemente. "Iba a la iglesia el domingo, pero de lunes a sábado estaba en el bar bebiendo, apostando. Palabras descuidadas salían de mi boca. Cometí adulterio. No me importaba".

Manny dice que sintió la culpa de sus pecados cuando empezó a leer la palabra de Dios. También recuerda escuchar la voz de Dios en un sueño hace varios años. "Recuerdo aquella noche cuando recibí una carta de mi madre diciendo que mi hermana dejó de ir a la escuela porque yo no estaba enviando dinero. Yo estaba llorando, culpándome por gastar todo mi dinero en alcohol. Esa noche oí la voz de Dios en mi sueño. Su voz era diez veces más fuerte que el trueno y me dijo: 'Mi niño, mi niño, ¿por qué te has descarriado?' Olvidé ese sueño, pero cuando empecé a leer la

Biblia, el primer verso que leí dice que Dios habla al hombre a través de sueños. Así me di cuenta de que mi sueño era real!"

Desde entonces, Manny tiene hambre por la palabra de Dios, llegando a una profunda relación personal con Jesús. Ahora, él tiene estudios bíblicos todos los días y memoriza versículos porque dice la palabra de Dios es su arma contra la tentación.

"El viejo Manny Pacquiao se fue. El nuevo Manny Pacquiao llegó. Tengo la Palabra de Dios en mi corazón. Quiero obedecer Sus mandamientos".

Manny cree que Jesús viene pronto. Él toma cada oportunidad para difundir el evangelio porque cree que Dios lo usa a él y a otros atletas famosos como Tim Tebow y Jeremy Lin para atraer gente hacia Dios.

DEL LODO CENAGOSO

> SAL 40:2 Me sacó, del lodo cenagoso;

Lamentablemente muchas veces no consideramos, verdaderamente la obra de un pastor, se cuestionan muchos acerca de hasta cuanto debe hacer un pastor por salvar una oveja y todas las consecuencias que traerá el hecho de dejar a 99 para ir por una. Me he puesto a pensar, que dirán las 99? Estarán de acuerdo sentirse sin su pastor atendidas por que el atienda a una? Creo que es falta de misericordia en la actualidad que no nos demos cuenta que Jesús sigue siendo el mismo de ayer hoy y siempre. Cuando una persona se encuentra en el lodo, simplemente no puede salir está totalmente atrapado y hundiéndose en la desesperación interna. A continuación este testimonio nos dejara impactados

Me llamo Ariel, tengo 22 años y estoy estudiando asistencia social en Bélgica, Europa. Vengo de una familia cristiana tradicional, en la que se me enseñó a abrir mi corazón a Jesús, y llorar de alegría en su presencia. Mi primer encuentro con la pornografía fue cuando tenía 8 años aproximadamente.

Los Principios del Centurión

Mi padre tenía en el baño revistas "para hombres", en las que salían muchas mujeres con los pechos descubiertos, y allí fue donde por primera vez me masturbé mirando pornografía. Todo el mundo en mi casa sabía que me masturbaba, más nadie me decía nada.

A los 16 años me fui para Canadá por 4 meses. Estando en Canadá tomaba alcohol como un adulto. Un día en internet descubrí la palabra PORNO, que me abrió las puertas a infinidad de sitios pornográficos. Me convertí poco a poco en un adicto, miraba sin cesar pornografía, eran horas y horas que pasaban sin que me diese cuenta, estaba atado, y con el tiempo ya no me gustaba cualquier video, de una selección de 100 tal vez solo uno me gustaba. En mi acto egoísta me cerraba en mí mismo, al punto de tener una ligera depresión que casi me cuesta un año de estudios.

Por aquella época llegué a tener una hermosa novia, amiga, hermana, en fin, una compañera durante 5 años. Al principio de la relación la amaba tiernamente en mi corazón, podía ver y apreciar cada gesto de ternura. Pero esta maldita adicción fue haciendo que me volviese tan egoísta que ya no podía pensar en otra cosa más que en tener relaciones sexuales con ella. Aunque lo intentamos más de una vez, nunca pude pasar más allá, ya que yo la respetaba muchísimo y ella tenía miedo. Hoy ya no estamos juntos, en gran parte debido a mi adicción a la pornografía.

Después de haber buscado cómo llenar mi sed de amor con actos de los que no estoy orgulloso y haber "malgastado toda mi fortuna" en este vicio, un día —tocado por Su Palabra (*Romanos* 5, 20-21)— regresaba a la casa de mi Padre, como el hijo pródigo, sin fuerzas, sin aliento, muerto en vida, y le decía: "Padre si tú me amas, ¡¡llename de tu amor!!" No acababa yo de decir estas palabras cuando Él llenó, inundó e hizo rebalsar con abundancia mi corazón de su amor.

Pero aunque volvía a comenzar como si me cargaba las baterías, después me desconectaba completamente del cargador. Me llevaba la herencia y cuando me la gastaba toda otra vez, regresaba nuevamente cansado, muerto en vida delante de Él, y le repetía: "Padre, si tú me amas, ¡¡¡lléname de tu amor!!!" ¡Y qué creen! ¡Nunca me dijo que no!

José Fernando Campos

Fueron muchísimas las veces que se repitió este milagro de llenarme el corazón de amor, paz y alegría. Pero por dentro no quería aceptar que era Él quien me daba todo, y que sin Él yo nada soy.

Mi propio orgullo, mi soberbia y vanidad han sido, sin lugar a dudas, el más grande obstáculo para reconocer y aceptar la verdad de que Dios es el único capaz de llenar mi corazón sediento de un amor infinito.

Un día, en un retiro, Él llenó como nunca mi corazón, lo llenó tanto que tenía la impresión que estaba viviendo el cielo en la tierra. Entonces me di cuenta que me había sanado, liberado, que ya no estaba atado. En ese momento tenía un entendimiento cristalino, una seguridad tajante, una verdad clara. Otro milagro, me liberó mi Señor y ni cuenta me di, yo lo único que hice fue dejarme amar. Él hizo el resto, y desde entonces, hace ya más de 8 meses, por la gracia de Dios he dejado la pornografía y la masturbación. Ahora voy a la iglesia todos los días, vivo en santidad mi soltería y discierno seriamente si Dios me llama a servirle. Todo esto por la misericordia de Dios. Todo regalado.

Hoy, aunque soy un pecador, el Espíritu Santo me santifica y derrama su gracia en abundancia. Repito, no soy un santo, pero hoy puedo decir con alegría que si no recibo a Cristo, no soy nada, y si no me dejo transformar por Él, no voy a ningún lado.

He decidido seguir a Aquél que se dio y se sigue entregando por amor por mí y por ti en la CRUZ. ¡No te desgastes en vano! ¡Déjate amar para poder amar después! ¡Deja ya tu egoísmo, tu soberbia y tu vanidad, y no pierdas el tiempo! Recuerda que solo en tus manos está la decisión, la última palabra. Solo tú tienes la llave de tu vida, tú decides si le correspondes o no a ese Amor. Dios respeta tu decisión.

Amigo, te lo dice un joven nuevo, que ama a Jesús con todo su corazón, que tiene mucho que caminar. Hoy te puedo decir que para Dios no hay nada imposible, no tengas miedo de abandonarte en Él, no dudes en confiarle absolutamente todo. Entregarte con confianza, fuerza y amor, porque solo Él, amigo mío, llena el deseo infinito de amor que tiene tu corazón.

¡Que Dios te, bendiga hermano mío! ¡Espero que este humilde testimonio pueda ayudarte en tu búsqueda sincera de la felicidad!
A.F., Bélgica, 22 años.

DE TODOS LOS PUEBLOS

> EZE 20:34 Y os sacaré de entre los pueblos y os reuniré de las tierras donde estáis dispersos con mano fuerte, con brazo extendido y con furor derramado

Después de casi dos mil años de estar en la dispersión el pueblo de Israel emerge en 1948 como una nación, no cabe duda, que Dios cumple su palabra.

ISA 66:8 ¿Quién ha oído cosa semejante? ¿Quién ha visto tales cosas? ¿Es dado a luz un país en un solo día? ¿Nace una nación toda de una vez? Pues Sion apenas estuvo de parto, dio a luz a sus hijos.

A esto puedo decir que si Dios es capaz de hacer esto luego de tantos siglos, porque no va a hacer lo que ha dicho acerca de ti. Todo está que tu fe no desmaye ni se desvié a otro punto. Cree solamente

DE JERUSALEM

> Hch 11:19 Ahora bien, los que habían sido esparcidos a causa de la persecución que sobrevino cuando *la muerte de* Esteban, llegaron hasta Fenicia, Chipre y Antioquía, no hablando la palabra a nadie, sino sólo a los judíos.

La gran persecución que se dio en los inicios de la Iglesia fue precisamente con el propósito de que el mundo conociera de este precioso evangelio. En medio de muchas penalidades todo lo que había sido enseñado se esparció pura semilla a tal punto que muchos en diferentes naciones fueron impactados con la palabra de Dios..

Dios te moverá y producirá incomodidad en tu vida pero al final el fruto será extraordinariamente precioso. Cuando fui enviado a San Francisco

California, no fue precisamente en el momento más tranquilo o cómodo, sin embargo gracias a la revelación dada a mi Pastor y Apóstol Sergio Enríquez. Pude traer a esta tierra lo aprendido en mi casa Ebenezer en Guatemala. Ahora veo atrás y solo me queda decir, valió la pena. Solo te pido que entres por medio de la fe a la barrera de lo imposible y sal, sal, sal, Dios tiene un plan para ti.

DE ESTE SISTEMA DE MUERTE

> **1Ts 4:16** Pues el Señor mismo descenderá del cielo con voz de mando, con voz de arcángel y con la trompeta de Dios, y los muertos en Cristo se levantarán primero. 1Ts 4:17 Entonces nosotros, los que estemos vivos y que permanezcamos, seremos arrebatados juntamente con ellos en las nubes al encuentro del Señor en el aire, y así estaremos con el Señor siempre.

Como podríamos tener nuestro oído espiritual capacitado para oir esta trompeta, sino hemos aprendido a vivir en autoridad y cobertura. Esta es una trompeta de vida, de resurrección y aun el poder de la muerte no va a ser suficiente para retener a aquellos que serán levantados. Hoy puedo decir que la fe, la autoridad, la vida y sanidad van de la mano en la vida del centurión de la fe.

> Apo. 7:14 Y yo le respondí: Señor mío, tú lo sabes. Y él me dijo: Estos son los que vienen de la gran tribulación, y han lavado sus vestiduras y las han emblanquecido en la sangre del Cordero.

DE LA GRAN TRIBULACION

Por ultimo para entender el poder de la extracción de Dios en nuestra vida. Confesamos que ni la muerte, ni ningún tipo de prueba va a ser

mayor que el brazo poderoso de Dios. Haciéndose manifiesto en nuestro ser.

Ten fe, sea la circunstancia que sea Dios te librara y si permaneces fiel a su palabra experimentaras cosas extraordinarias y tus ojos se llenaran de alegría al contemplar la salvación del señor.

7 FRASES INSPIRADORAS

- 1."No son los grandes hombres los que transforman el mundo, sino los débiles y pequeños en las manos de un Dios grande.
- —James Hudson Taylor"

- 2."La santidad es un de continuo buscar tener la mente con Dios, odiando lo que El odia, amando lo que El ama, y midiendo todas las cosas del mundo por los estándares de La Palabra." | J.C. Ryle

- 3."Como dijo Kierkegaard: "La fe es aferrarse de lo incierto con una convicción apasionada." | Dr. James Dobson

- 4.""Mirando hacia la cruz, veo lo caro que costé. Mirando hacia el espejo, veo lo barato que me vendo para el pecado".
- -António Vieira (1608-1697)."

- 5."Las dificultades preparan a personas comunes para destinos extraordinarios" | C.S. Lewis"

- 6."El que se arrodilla ante Dios, sabrá estar en pie ante cualquier situación difícil." | Leonardo Ravenhill"

> 7."Prefiero que la gente me odie sabiendo que he intentado salvarlos." | Keith Green"

TEME AL SEÑOR...

Pro 23:17 No tengas envidia de los pecadores, sino del temor de Yahvé en todo momento;
Pro 23:18 porque así tendrás futuro y tu esperanza no será defraudada.

ENTREMOS POR LA FE A ESTA PRECIOSA GRACIA...

Rom 5:1 Por tanto, habiendo sido justificados por la fe, tenemos paz para con Dios por medio de nuestro Señor Jesucristo 5:2 por medio de quien también hemos obtenido entrada por la fe a esta gracia en la cual estamos firmes, y nos gloriamos en la esperanza de la gloria de Dios.

COMO ES LA FE?
Como una puerta	Hec 14:27
Como un fruto	Gál 5:22
Como escudo	Efe 6:16
Como un don	1 Cor 12:8
Para salvación	Efe 2:8
Como un rudimento	Heb 6:1
Como un misterio	1 Tim 3:9
Como una ley	Rom 3:27
Como un espíritu	2 Cor 4:13

SI LA FE ES UN DON POR TANTO ES UN REGALO...
APRECIEMOSLO

1Co 12:8 Pues a uno le es dada palabra de sabiduría por el Espíritu; a otro, palabra de conocimiento según el mismo Espíritu; a otro, fe por el mismo Espíritu; a otro, dones de sanidad por el único Espíritu

EL CENTURIÓN SE LEVANTÓ LLENO DE ESPERANZA, CONVICCIÓN Y FE, ESPERANDO LA RESPUESTA ESPIRITUAL A LA NECESIDAD DE SU SIERVO. Y GLORIA A DIOS, LO LOGRO POR MEDIO DE JESÚS DE NAZARETH.

José Fernando Campos

Principio de Autoridad

Luc 7:8 Pues yo también soy hombre puesto bajo autoridad, y tengo soldados bajo mis órdenes; y digo a éste: "Ve", y va; y a otro: "Ven", y viene; y a mi siervo:
"Haz esto", y lo hace.
Luc 7:9 Al oír esto, Jesús se maravilló de él, y volviéndose, dijo a la multitud que le seguía: Os digo que ni aun en Israel he hallado una fe tan grande.

Para desarrollar este capítulo debemos considerar que el principio de autoridad, va ligado íntimamente a otros principios de los cuales se sirve, como el poder y la responsabilidad. Los catálogo así porque los 3 juntos son generadores o sea que se convierten en matrices para la realización de proyectos, anhelos, metas etc.... de nuestra vida misma

Veamos

AUTORIDAD

Del Griego: Exousia. Poder de gobernar. Habilidad para sojuzgar. Es el derecho de ejercer poder. Lo observamos milagrosamente en la entrega del manto de Elías a Eliseo, desde ese momento el profeta, al ver a su Señor siendo arrebatado al cielo, fue investido de autoridad, poder y una gran responsabilidad al haber obtenido la doble porción.

Los Principios del Centurión

PODER

Del Griego: Dunamis. Usado para describir fortaleza intrínseca o habilidad. Cuando una persona obtiene la fuerza y la dinámica para mover a un grupo de personas, ha adquirido poder. Lo vemos claramente como Gedeón, al ver la confirmación del Señor por las señales pedidas. Enfilo su Mirada al propósito establecido y consiguiendo una contundente victoria únicamente con trescientos hombres fieles, EXCLAMÓ POR LAS ESPADA DE JEHOVA. Esto me dice que la fidelidad va de la mano del poder porque eso permite y es garantía que no vaya a haber opresión al pueblo por personas que abusan del honor conferido.

RESPONSABILIDAD

Es la disposición a ser evaluado y aceptar la respuesta de los resultados. Estas dispuesto a que pesen tu corazón? Realmente cuando somos responsables vamos entendiendo que grado de culpa tenemos en nuestras acciones y tener el coraje de arrepentirnos y a la vez enmendar todo el daño hecho y dar frutos dignos de arrepentimiento. Aquí vemos al Rey David habiendo cometido un gran error y demostrando su arrepentimiento delante de Dios

2SA 24:10 ¶ Después que David contó el pueblo le pesó en su corazón. Dijo, pues, David al Señor: He pecado en gran manera por lo que he hecho. Pero ahora, oh Señor, te ruego que quites la iniquidad de tu siervo, porque he obrado muy neciamente.

Y al actuar con responsabilidad, expreso que era mejor que el sufriera y no el pueblo. Aquí vemos un hombre con autoridad de Dios, con poder (el cual uso para obrar mal) y una responsabilidad muy grande para enmendar sus errores y pecados.

2SA 24:17 Entonces David habló al Señor, cuando vio al ángel que hería al pueblo, y dijo: He aquí, yo soy el que ha pecado, y yo soy el que

José Fernando Campos

ha hecho mal; pero estas ovejas, ¿qué han hecho? Te ruego que tu mano caiga sobre mí y sobre la casa de mi padre.

A QUIEN SIGUES?
La mayoría de personas muchas veces no se dan cuenta que son seguidores de otras y van rumbo a la perdición eterna.
MAT 7:13 ¶ Entrad por la puerta estrecha, porque ancha es la puerta y amplia es la senda que lleva a la perdición, y muchos son los que entran por ella.
Hay fans por todos lados, diría que este es el tiempo en que la gente vive fanatizada de lo que no deberían de seguir.
Dios nos invita a que podamos salirnos de esa corriente y que sigamos los pasos de su hijo Jesucristo.
EFESIOS 2:1 Y Él os dio vida a vosotros, que estabais muertos en vuestros delitos y pecados,
EFESIOS 2:2 en los cuales anduvisteis en otro tiempo según la corriente de este siglo, conforme al príncipe de la potestad del aire, el espíritu que ahora opera en los hijos de desobediencia
La desobediencia es la marca que conduce a la perdición por medio de la falta de reconocimiento de la autoridad.
Ahora existen autoridades espirituales a la que nos debemos de sujetarnos EL CENTURIÓN SABIAMENTE SE CONDUJO A LA MEJOR Y MAYOR AUTORIDAD. Increíblemente, todos los fariseos y saduceos, escribas y toda la gente que tuvo algún acceso a conocer a Jesús de cerca, no lo pudieron reconocer por su falta de obediencia verdadera a Dios. Algunos creen erróneamente que este precioso evangelio es cuestión de seguir hombres... La Palabra dice:
1CO 1:12 Me refiero a que cada uno de vosotros dice: Yo soy de Pablo, yo de Apolos, yo de Cefas, yo de Cristo. ¿Está dividido Cristo? ¿Acaso fue Pablo crucificado por vosotros? ¿O fuisteis bautizados en el nombre de Pablo?

Ahora, veamos diferentes ángulos o preguntas que surgirían

Entonces no debo seguir a mi pastor? Al contrario debemos seguir a nuestros guías y obedecerlos porque son autoridades puestas por el Señor y debemos de comprender que al igual que nosotros, son personas que están en un proceso de perfeccionamiento que nos permite a nosotros aprender aún más en los momentos de fortaleza, de debilidad, de lágrimas, en derrotas y victorias. En cada situación cuando seguimos a un siervo aprendemos sujeción y por tanto encontramos el valor a la autoridad.

Entonces porque expresa esto la biblia?
Bueno contrariamente otros, siguen por intereses mezquinos, que van desde la notoriedad, conseguir fama por medio de los otros, o de aprovecharse como lo hicieron aquellas mujeres solo del nombre

ISA 4:1 Porque siete mujeres echarán mano de un hombre en aquel día, diciendo: Nuestro pan comeremos y con nuestra ropa nos vestiremos; tan sólo déjanos llevar tu nombre, quita nuestro oprobio.

Conociendo un poco de lo que escribió Martin Lutero siempre en forma de broma expresó que si él tuviera la oportunidad de resucitar y ver lo que la Iglesia se ha convertido de seguro moriría de la impresión.

La Iglesia que se levantó con el nombre de Luterana, se le olvido de seguro lo que dijo
MARTIN LUTERO : "Les ruego que dejen mi nombre en paz. No se llamen así mismos 'luteranos', sino Cristianos. ¿Quién es Lutero? Mi doctrina no es mía. Yo no he sido crucificado por nadie… ¿Cómo, pues, me beneficia a mí, una bolsa miserable de polvo y cenizas, dar mi nombre a los hijos de Cristo? Cesen, mis queridos amigos, de aferrarse a estos nombres de partidos y distinciones; fuera todos ellos, y dejen que nos

llamemos a nosotros mismos solamente cristianos, según aquel de quien nuestra doctrina viene".

Por esto entendemos la importancia que para Lutero era seguir a Cristo y que por medio de las autoridades espirituales establecidas recibiéramos la enseñanza.
El estudio continuo de la palabra de Dios nos hace alcanzar una autoridad que nos permite afrontar las diversidades de la vida. Sin embargo la Iglesia católica tenia atada esa libertad y a la vez las pocas biblias que tenían, estaban encadenadas para que no fueran de uso público. Esto es básicamente la señal del poder irresponsable de la religión, al querer tener sumergidos en la ignorancia espiritual a los hijos de Dios.

«En el campo de las creencias religiosas la Reforma introdujo cambios profundos. La Biblia adquirió entonces una autoridad nueva y de mayor alcance. La generación anterior consideraba que las Sagradas Escrituras eran peligrosas en manos de personas iletradas y debieran ser leídas sólo por sacerdotes».
Winston Churchill

La autoridad tiene ladrones peligrosos cuando los jueces roban entre ellos.   **William Shakespeare**

Vivimos en un mundo que a toda costa quiere eliminar a Dios de sus vidas, el Salmo 2 es una palabra que proféticamente establece lo que hoy está pasando en toda la tierra ya no hay respeto ni sometimiento a la autoridad de Dios en nuestras vidas...
Sal 2:1 ¿Por qué se amotinan las naciones y los pueblos hacen proyectos vanos? 2 Se levantan los reyes de la tierra, los príncipes conspiran contra el Señor y su mesías: 3 "¡Rompamos sus cadenas, sacudamos su yugo!".

Y todavía se preguntan porque Dios no hace algo!!! Es evidente que abandonaron al Señor y a su palabra, entraron en la dimensión de la desobediencia y de la rebeldía.

La puerta que se uso es la tolerancia a todo lo malo...

Y dijeron que estaba bien...

Alguien dijo: los maestros y directores de los colegios no deberían disciplinar a nuestros hijos cuando se portan mal...

Los administradores de las escuelas dijeron que más valía que ningún miembro de la escuela tocara a ningún estudiante que se porte mal porque no se desea publicidad negativa y ningún tipo de demanda. Nunca se distinguió, ni se dio educación con respecto a la diferencia entre disciplinar, tocar, golpear, cachetear, humillar y patear. Lamentablemente si la raiz del árbol esta mala, todo el árbol dará mal fruto.

Otra persona expreso: dejemos que nuestras hijas aborten si quieren y ni siquiera tienen que decirles a sus padres...

Y los administradores educativos llegaron al consenso de que los muchachos siempre son así ... entonces es mejor darles todos los preservativos que quieran, por supuesto, para tener sexo seguro y puedan divertirse al máximo y no tenemos por qué decirles a los padres que se los dimos en la escuela y lo demás es historia

Por si fuera poco otros imprimieron revistas con mujeres desnudas diciendo que eso era un realismo y un arte y alguien más lo llevo hasta fotografiar niños desnudos y colocando esta información en internet los muchachos empezaron con el sexting y demás aberraciones, contaminando a cuanta generación ingresara en esos medios supuestamente educativos...

Las industrias que vieron en ello una gran posibilidad de enriquecimiento agregaron shows por televisión, cine y demás medios promoviendo además violencia, aborto, drogas, sexo ilícito etc....

Y por supuesto la música adecuada para cada una de estas perversiones, estimulando los sentimientos, provocando depresión, tristeza, amargura, suicidio etc....

José Fernando Campos

Todo esto arrastrando a la humanidad a un desenfreno que se deja ver en las ciudades de Sodoma y Gomorra, donde los seres humanos cambiando el uso natural de la mujer se encendieron, los hombres unos con otros, cometiendo perversiones y permitiendo con su desenfreno que el Señor los entregara por completo a su mente depravada.
Que terrible todo lo que sucede por no reconocer la autoridad que el centurión reconoció. No solo esto sino su poder e intervención en auxilio de aquel siervo.

Dar el ejemplo no es la principal manera de influir en los demás, es la única manera   Albert Einstein
La autoridad va ligada a los ministerios que el señor estableció cuando dijo:
Mat 28:19 id, pues, y haced discípulos de todas las naciones, bautizándolos en el nombre del padre y del hijo y del espíritu santo,
Mat 28:20 enseñándoles a guardar todo lo que os he mandado; y he aquí, yo estoy con vosotros todos los días, hasta el fin del mundo.
Si hay discípulos, deben haber maestros, si hay maestros debe haber autoridad, y si hay autoridad debe estar amparada en la palabra de Dios.
Cada uno de los cinco ministerios maneja un tipo de autoridad y quiero compartirles estas unciones preciosas y el poder que se genera cuando trabajan juntas.

Autoridad

Apostólica:

Una bendición establecida para cubrir y para delegar. Tan importante es lo que el Señor le dijo a Pedro, Mat 16:19 yo te daré las llaves del reino de los cielos; y lo que ates en la tierra, será atado en los cielos; y lo que desates en la tierra, será desatado en los cielos.

Los Principios del Centurión

La autoridad conferida conecta cielos y tierra, estableciendo que los apóstoles cuentan con ese respaldo de parte de Dios por el Hijo. Puesto que el siendo el apóstol del Padre expresa:
Mat 28:18 toda autoridad me ha sido dada en el cielo y en la tierra.
Un centurión tenia despachos conferidos para representar a sus superiores y esto implicaba que toda rebelión tenía que ser suprimida. Teniendo en cuenta que en su tiempo aquí en la tierra Jesús podía verse como un sedicioso, este centurión obedeció a la voz de su corazon, fue adentrándose en la fe, creció oyendo testimonios, empezó a trabajar porque amaba al pueblo de dios, construyo una sinagoga,
Cuantos dicen ahora que aman a Jesús pero sus obras muestran lo contrario!!!
Reconoció la autoridad espiritual de Jesús, que alegría, que gozo inefable, que amor tan grande, que autoridad tan impresionante, un ser único, todopoderoso dueño y Señor de lo imposible, quien como Él, nadie, nunca se podría comparar con Él, Él es mi rey, mi emperador, mi dueño, mi herencia, mi abogado, mi sanador...
Claro que creo en Él y su poder, pero no soy digno de Él, quien puede serlo, es demasiado para mí, quien soy yo como para que se acerque a mí, palabras de solo aquel que se ve así mismo
En Mt. 8:8 el centurión no quería que Jesús entrara en su casa porque se sentía indigno, porque en las costumbres judías cualquiera que entraba en una casa, quedaba bajo cobertura, protección y autoridad.
Pero Jesús dice yo voy y estoy contigo pide y se te dará...
Que amor
Que belleza
Solo Él es así
Introdúcete en su esfera autoridad y poder

Por todo esto para nosotros es muy importante estar bajo cobertura apostólica para que nuestra casa no este sin fruto ni estéril.
Con respecto a la autoridad y obediencia veamos esta frase

"debo al papa tanta obediencia como la que le debo al anticristo". Martin Lutero

Aquí claramente se deja ver una gran irresponsabilidad de las autoridades religiosas de aquel tiempo que vieron en Martin Lutero a un rebelde y no a un hombre de Dios.

> Los hombres de Dios son reconocidos por los hombres de Dios
> Fernando Campos

Autoridad Profetica:

Mat 9:6 pues para que sepáis que el hijo del hombre tiene autoridad en la tierra para perdonar pecados (entonces dijo* al paralítico): levántate, toma tu camilla y vete a tu casa.
Mat 9:8 pero cuando las multitudes vieron *esto*, sintieron temor, y glorificaron a dios, que había dado tal poder a los hombres.
Las cinco demandas, erróneamente pensamos que tenemos más que pedir que dar. El señor dice que es más bienaventurado dar que recibir. Por esto sabemos que vamos a dar cuenta de lo que dejamos de hacer, sabiendo que debíamos hacerlo. Parte de la dinámica de la obediencia y del reconocimiento de autoridad es precisamente no dejar de hacer lo que es bueno. Y notar expresamente que nos dieron el poder de parte de Cristo para hacer grandes cosas en su nombre.

Es muy precioso entender las escrituras y encontrar el valor de la obra que Dios nos ha encomendado que realicemos. Cuando Jesús nos demanda en estos versículos, debemos saber que si cumplimos con esto, obtendremos una gran recompensa.

Cuando hablamos de la autoridad profetica, es la que se utiliza para sanar, perdonar y liberar, entendiendo por el espíritu de discernimiento que hay en el corazon del hombre y la oportunidad que dios le quiere dar.

Jesús dijo:

> - Tuve hambre y no me diste de comer
>   - falta de un maestro que diera palabra pan, palabra que nutre.
> - Tuve sed no me diste de beber
>   - falta de un pastor que te conduzca a los ríos de agua viva
> - Fui forastero y no me recibiste en tu casa
>   - falta de un evangelista que te llevara de regreso a casa
> - Estuve en la cárcel y enfermo y no me fuiste a visitar
>   - falta de un profeta que te libere y te sane
> - Estuve desnudo y no me vestiste
>   - falta de un apóstol que te cubra

Esta autoridad fue conferida a nosotros y fuimos enviados con una delegación a poder liberar a los cautivos y poder sanar ciegos, cojos mudos, sordos y todo esto va íntimamente ligado al ministerio profético.

Las personas necesitamos, perdonar y a la vez pedir perdón. Así experimentaremos libertad y a la vez entendemos la misericordia al darla y al recibirla

Mat 5:7 ¶ bienaventurados los misericordiosos, pues ellos recibirán misericordia.

A continuación cito algunos de los versículos referentes al poder del perdón, de nuestra vida a otras y tambien del perdón recibido.

Más bien, sean bondadosos y compasivos unos con otros, y perdónense mutuamente, así como dios los perdonó a ustedes en cristo.

Efesios 4:32 | nvi |

Si mi pueblo, que lleva mi nombre, se humilla y ora, y me busca y abandona su mala conducta, yo lo escucharé desde el cielo, perdonaré su pecado y restauraré su tierra.
2 Crónicas 7:14 | nvi |

Que dios hay como tú, que perdone la maldad y pase por alto el delito del remanente de su pueblo? No siempre estarás airado, porque tu mayor placer es amar.
Miqueas 7:18 | nvi |

Él es el sacrificio por el perdón de nuestros pecados, y no sólo por los nuestros sino por los de todo el mundo.
1 Juan 2:2 | nvi |

Autoridad Evangelística:

Mateo 10:1 entonces llamando a sus doce discípulos, *Jesús* les dio poder sobre los espíritus inmundos para expulsarlos y para sanar toda enfermedad y toda dolencia.

Mateo 10:5 no vayáis por el camino de los gentiles, y no entréis en ninguna ciudad de los samaritanos.

Mat 10:6 sino id más bien a las ovejas perdidas de la casa de Israel.

Mateo 10:7 y cuando vayáis, predicad diciendo: "el reino de los cielos se ha acercado."

Mateo 10:8 sanad enfermos, resucitad muertos, limpiad leprosos, expulsad demonios; de gracia recibisteis, dad de gracia.

Este poder les fue dado a los evangelistas, sin embargo en estos versículos vemos a doce apóstoles siendo enviados, como tales, para este propósito. Luego vemos a un apóstol, pablo de tarso, sanando en el glorioso nombre de Jesús

Hechos 19:11 y dios hacía milagros extraordinarios por mano de pablo, de tal manera que incluso llevaban pañuelos o delantales de su cuerpo a los enfermos, y las enfermedades los dejaban y los malos espíritus se iban de ellos.

Los Principios del Centurión

Impresionante lo que hace Dios para sanar toda dolencia, liberar literalmente y espiritualmente tal como lo hacia nuestro señor Jesús. Cuando alguien es delegado tiene la autoridad espiritual para delegar, en el caso específico de pablo, cuando le encarga a su discípulo Timoteo que realice la obra evangelísticas.

2Ti 4:5 pero tú, sé sobrio en todas las cosas, sufre penalidades, haz el trabajo de un evangelista, cumple tu ministerio.

Uno de los evangelizadores que más me impresionan es el centurión de la cruz. Con pocas palabras expreso este era un hombre inocente. En otras versiones este en realidad era un hombre justo. Pero en otro evangelio dice en verdad este era el Hijo de Dios.

Marcos 15:39 viendo el centurión que estaba frente a Él, la manera en que expiró, dijo: en verdad este hombre era Hijo de Dios.

Luc 23:47 cuando el centurión vio lo que había sucedido, glorificaba a Dios, diciendo: ciertamente, este hombre era inocente.

(bad) el centurión, al ver lo que había sucedido, alabó a Dios y dijo:— verdaderamente este hombre era justo.

El impacto de estas cortas palabras y un veredicto, fueron suficientes, para tocar el corazon de las personas que observaban ese espectáculo (para la gente) el sacrificio perfecto (para el padre) y la entrega preciosa del hijo por todo el pecado de la humanidad. De tal manera que se golpeaban el pecho

Lucas 23:48 y cuando todas las multitudes que se habían reunido para *presenciar* este espectáculo, al observar lo que había acontecido, se volvieron golpeándose el pecho.

Me imagino por un momento la voz de un hombre de batallas, guerras, conquistas, que había presenciado miles de muertes tantos de amigos como de enemigos en pleno combate. A la verdad no creo que sea el mismo centurión que clamo por el siervo. La biblia no lo aclara, pero hay algo sumamente importante, este centurión nunca había visto alguien que crucificado y vituperado, azotado, abatido pidiera perdón y misericordia al Padre por sus enemigos. Incomparable, inigualable, solo hay

uno y nadie es como él. De este centurión, hablare en nuestro próximo libro los centuriones.

A pasado el tiempo y en el año de 1997 salió a la venta un libro muy precioso llamado operación Jesucristo del reconocido autor Og Mandino. Cuando llego a mis manos me llamo mucho la atención y creo que me permitio ver otra perspectiva de la vida cristiana. A continuación creo que estos fragmentos extraídos de sus páginas serán de bendicion para tu vida, como lo han sido para la mía.

El amor es el mayor regalo de dios, es la chispa que por doquiera produce y restaura la vida. Para todos y cada uno de nosotros el amor nos da fuerza.

Un verdadero milagro no es un truco de magia que cualquiera puede aprender. Es una demostración del poder ilimitado de dios, y normalmente va en contra de las leyes de la naturaleza, tal y como nosotros las conocemos. Un milagro es una expresión de la voluntad y los propósitos de dios y cuando somos testigos de uno, nos ofrece una fe renovada de que siempre está con nosotros.

En este camino de fe, he visto muchos que se dicen siervos de dios y son personas que antojadizamente pretenden vender la idea de milagros y señales y no son más que fabricaciones para engañar a la mayoría de incautos que por la necesidad van corriendo en pos de su mejoría y pronta solución.

Por otra parte he visto tambien siervos entregados que practican la verdad en sus vidas y siguen el camino trazado por mi señor Jesús, predicando su palabra a cuantos pueden y el poder de dios se manifiesta en ellos con milagros prodigios y maravillas. He asistido a muchas campañas evangelísticas y con mis propios ojos he visto los milagros de dios.

Pero a estas alturas de mi vida, sigo considerando que el milagro más lindo que he visto de dios y espero siempre seguirlo viendo, es a un hombre en el espejo cada mañana, haciéndose más viejo en su cuerpo, pero cada día más Jesús lo va renovando y llevando a otro nivel. Ese es el milagro que más me interesa, que estando yo en el lodo, el me tomo y puso mis pies en la peña . Gracias mi amado señor no tengo palabras para agradecerte todo lo que has hecho por mí y por tu paciencia y misericordia en mi vida. Gracias por ser lo más precioso que me ha pasado y tenerme por digno de este gran privilegio de predicar y compartir tu palabra.

Gracias por todo señor no tengo porque quejarme solo sé que nada de lo que tengo merezco y que por tu maravilloso amor me tomaste y me has hecho muy feliz.

Ahora mis amados hermanos prediquemos su palabra que no haya nadie a quien no le hablemos de nuestro amado.

Autoridad para Enseñar:

Hechos 5:34 pero cierto fariseo llamado Gamaliel, maestro de la ley, respetado por todo el pueblo, se levantó en el concilio diciendo:

38 no tengáis nada que ver con estos hombres y dejadlos en paz, porque si este plan o acción es de los hombres, perecerá; pero si es de dios, no podréis destruirlos; no sea que os halléis luchando contra dios.

Cuando éramos estudiantes, siempre recordamos al maestro que marco nuestra vida con sus enseñanzas, la autoridad poderosa que emanaba de su sabiduría y el impacto que generaba cambios en nuestra manera de pensar. Nos permitía opinar y a la vez nos aportaba varios conceptos que más adelante nos servirían en la expansión de nuestra carrera en la vida.

Ahora poseemos maestros espirituales que nos han formado y han establecido principios poderosos por medio de la autoridad spiritual.

Mateo 7:28 cuando Jesús terminó estas palabras, las multitudes se admiraban de su enseñanza; porque les enseñaba como uno que tiene autoridad, y no como sus escribas.

Muchos pretenden enseñar, pero no cabe duda que eso no viene de nosotros, eso procede de dios.

Santiago 3:1 hermanos míos, no os hagáis maestros muchos *de vosotros*, sabiendo que recibiremos un juicio más severo.

El propósito principal de tener un maestro es poder ser engendrado por medio de la palabra para estar preñados de cristo y que él vaya creciendo en nosotros y así menguar a nuestros deseos y pasiones que combaten en contra de la voluntad del espíritu.

1corintios 4:15 porque aunque tengáis innumerables maestros en cristo, sin embargo no *tenéis* muchos padres; pues en cristo Jesús yo os engendré por medio del evangelio.

Un verdadero maestro engendra con la semilla de aquel que le envió. No con su propia semilla.

Por medio del evangelio un buen maestro se convierte en padre y a la vez en autoridad de su hijo discípulo.

Martin Lutero expreso:
"ya que su serenísima majestad y sus altezas exigen de mí una respuesta sencilla, clara y precisa, voy a darla, y es ésta: yo no puedo someter mi fe ni al papa ni a los concilios, porque es tan claro como la luz del día que ellos han caído muchas veces en el error así como en muchas contradicciones consigo mismos. Por lo cual, si no se me convence con testimonios bíblicos, o con razones evidentes, y si no se me persuade con los mismos textos que yo he citado, y si no sujetan mi conciencia a la palabra de dios, yo no puedo ni quiero retractar nada, por no ser digno de un cristiano hablar contra su conciencia. Heme aquí; no me es dable hacerlo de otro modo. ¡que dios me ayude! ¡amén!" (al ser juzgado por defender y proclamar la autoridad de la biblia).

El señor de señores, se glorifica en aquellos que se disponen a honrar y bendecir su nombre. A no dejarse intimidar por enseñanzas heréticas que pretenden distorsionas el mensaje genuino de dios.

Eclesiastés 12:10 el predicador trató de encontrar palabras agradables, y de escribir correctamente palabras de verdad.

12:11 las palabras de los sabios son como aguijones, y como clavos bien clavados *las* de los maestros de colecciones, dadas por un pastor.

Algunas frases de maestros que nos ponen a pensar:
- "nada es más desastroso que un ministro predicando un evangelio adulterado a un pueblo ciego, sordo y sin discernimiento." — charles Spurgeon.
- "cuando un predicador toma la biblia seriamente, toda la iglesia empieza a tomar la palabra de dios seriamente" — Steven Lawson.
- "no se preocupe por quien entra y sale de la iglesia (local), preocúpese por lo que entra y sale del púlpito" — John Stott.
- "¿cómo podrás derribar las fortalezas de satanás si ni siquiera tienes la fuerza para apagar tu televisor?" — Leonard Ravenhill.

Autoridad Apostólica:

cuando hablamos de este ministerio y su nivel de influencia, estamos hablando de la delegación en toda su expresión y su función en la esfera espiritual

Marcos 13:34 *es* como un hombre que se fue de viaje, *y* al salir de su casa dejó a sus siervos encargados, *asignándole* a cada uno su tarea, y ordenó al portero que estuviera alerta.

En el trabajo de la obra de dios he visto por lo menos 5 areas muy enfáticas en cuanto a la tarea espiritual se refieren. Y que están conferidas directamente a cada uno de los 5 ministerios. Los apóstoles son los que se encargan de delegar estas tareas por medio de la imposición de manos tal como lo hizo pablo con Timoteo. A continuación las detallo

José Fernando Campos

REGENERAR   EVANGELISTA

> 2 Timoteo 4:5 haz el trabajo de un evangelista, cumple tu ministerio.

RESTAURAR   PASTOR

> 1pe 5:2 pastoread el rebaño de dios entre vosotros, velando por él, no por obligación, sino voluntariamente, como quiere dios; no por la avaricia del dinero, sino con sincero deseo; 5:3 tampoco como teniendo señorío sobre los que os han sido confiados, sino demostrando ser ejemplos del rebaño.

RENOVAR   MAESTRO

> Rom 2:17 pero si tú, que llevas el nombre de judío y te apoyas en la ley; que te glorías en dios,
>
> Rom 2:18 y conoces su voluntad; que apruebas las cosas que son esenciales, siendo instruido por la ley,
>
> Rom 2:19 y te confías en que eres guía de los ciegos, luz de los que están en tinieblas,
>
> Rom 2:20 instructor de los necios, maestro de los faltos de madurez; que tienes en la ley la expresión misma del conocimiento y de la verdad;
>
> Rom 2:21 tú, pues, que enseñas a otro, ¿no te enseñas a ti mismo? Tú que predicas que no se debe robar, ¿robas?
>
> Rom 2:22 tú que dices que no se debe cometer adulterio, ¿adulteras? Tú que abominas los ídolos, ¿saqueas templos?
>
> Rom 2:23 tú que te jactas de la ley, ¿violando la ley deshonras a dios?

RESTITUIR   PROFETA

- 1pe 1:10 acerca de esta salvación, los profetas que profetizaron de la gracia que vendría a vosotros, diligentemente inquirieron e indagaron,
- 1pe 1:11 procurando saber qué persona o tiempo indicaba el espíritu de cristo dentro de ellos, al predecir los sufrimientos de cristo y las glorias que seguirían.
- 1pe 1:12 a ellos les fue revelado que no se servían a sí mismos, sino a vosotros, en estas cosas que ahora os han sido anunciadas mediante los que os predicaron el evangelio por el espíritu santo enviado del cielo; cosas a las cuales los ángeles anhelan mirar.

REAVIVAR   APÓSTOL

- 2ti 1:6 por lo cual te recuerdo que avives el fuego del don de dios que hay en ti por la imposición de mis manos.
- Aquí vemos claramente como apóstoles columnas de la iglesia, fueron declarando a los ministros sus funciones y como con el poder delegado por el señor Jesucristo podían delegar a otros la gran comisión. Todas estas tareas, son más que un privilegio, puesto que no es por nuestra habilidad o inteligencia, al contrario, ninguna de ellas se podría realizar, si no es el espíritu santo, quien nos habilita por medio de su unción para llevarlas a cabo.
- Dentro de los males tan grandes que enfrenta la humanidad, es que nadie quiere asumir el reto que tenemos de presentar a Jesucristo ante el mundo, los musulmanes tienen hasta medios coercitivos para hacer adeptos. Con esto no estoy aprobando tales métodos. Todo lo contrario, nosotros como cristianos, debemos saber que contamos con un arma muy ponderosa el amor. Cuando practicamos este fruto del espíritu, hasta lo que es imposible, se va a hacer posible ante nosotros.
- Poncio Pilato dijo:

- ¿no sabes que tengo autoridad para ponerte en libertad y tengo autoridad para fijarte en un madero?.
- No tenía ni la menor idea de dónde venía tal autoridad y por lo consiguiente prefirió evadir su responsabilidad lavándose las manos

Cuantas personas, en este tiempo, toman mejor la decisión de lavarse las manos, y dejar por un lado su responsabilidad moral, ética y espiritual. Y asumen una postura más acomodada con la realidad existente. Se enrolan en los negocios de la vida y paran atados por su propia conveniencia, incluso teniendo vergüenza de aquel que los llamo de las tinieblas a su luz admirable.
Mateo 10:32 por tanto, todo el que me confiese delante de los hombres, yo también le confesaré delante de mi padre que está en los cielos. Pero cualquiera que me niegue delante de los hombres, yo también lo negaré delante de mi padre que está en los cielos.
Por todo esto debemos de actuar con diligencia en todo lo que hagamos y siempre acordándonos de que la obra es grande y que llevara tiempo realizarla. Que hay muchos que nos anteceden que terminaron su carrera con gran alegría y otros a los cuales les dejaremos un legado de trabajo y responsabilidad por la obra que tanto amamos.
El exsecretario de la defensa norteamericana Donald Rumsfeld, graduado de una de las principal universidades de usa (Princeton) expreso:

"pondrás en marcha muchos proyectos, pero solo tienes tiempo para terminar unos pocos. Así que piensa, planifica, desarrolla, ponlos en marcha y anima a las buenas personas para que sean responsables. Dales autoridad y hazlos responsables. Tratar de hacer demasiadas cosas por ti mismo produce un atasco".
En la sabiduría humana este hombre supo concentrar en esta frase, un concepto muy bueno de delegación. En el año de 1988 en la primarias tuvo que abandonar la competición al enfrentarse al reverendo Pat Ro-

bertson del club 700. Mi pregunta es porque con tanto que ambos personajes tienen como cualidades, no las utilizan para evangelizar y realizar la obra de dios que es más importante que cualquier otra cosa?
Simple
Dios no busca aptos sino fieles. Personas que estén dispuestas a todo con tal de agradar aquel que los recluto como soldados.
A continuación enumero algunos puntos muy interesantes a la hora de delegar.
Delegando:

- todo logro se comparte
- se establece sinergia en el equipo
- trasmitimos un sentido de humildad y de sabiduría
- dejamos legados
- depositamos responsabilidad y alto sentido de confianza en los demás
- Como delegamos?
- escogiendo personas idóneas que trabajen en el mismo espíritu
- explicando y comunicando eficazmente
- detallando el trabajo
- proveyendo de recursos para la tarea
- explicando de diferentes ángulos tu visión
- adquiriendo todo tipo de responsabilidad en toda la tarea

Tomando en cuenta todo lo expuesto puedo ver con certeza como el centurión tenía un concepto de delegación tan impresionante. Puesto que eligió a un grupo de ancianos sabios, conocedores de cómo dirigirse al señor. Enumero con cuidado su condición, se analizó a sí mismo, confeso que tenía autoridad sin embargo la rendía delante del señor, que tenía subordinados y por lo consiguiente el colocaba su petición, entendiendo que podía no ser contestada. Que se sujetaba, que se humillaba, aun entendiendo que en la vida cotidiana él podía utilizar su rango para obligar al sr a cumplir su solicitud. No fue altanero como poncio Pilato al evidenciar que tenía autoridad. Que humildad, que reconocimiento de

la esfera en la que se estaban moviendo. Y la forma como obtuvo esa orden y palabra poderosa para liberar a su siervo de su aflicción.

Cuantos ministros muchas veces no tienen las palabras para dirigirse al señor para poder interceder por el pueblo que cubren. Realmente este personaje de la biblia tendría una gran demanda para todos los intercesores y les enseñaría como conquistar el corazon del señor.

Los Principios del Centurión

Principio de Intercesión

Como es de importante tener una cobertura que pueda interceder por

> Mateo 8:8 pero el centurión respondió y dijo: señor, no soy digno de que entres bajo mi techo; mas solamente di la palabra y mi criado quedará sano.

nosotros en el momento de nuestra crisis.

En este pasaje vemos a un siervo recibiendo un milagro por causa de la intercesión de su superior. En muchas iglesias de San Francisco California, aprovechando este mensaje de una manera perversa, han dicho que este siervo y su amo mantenían relación sexual de pareja, por lo que a esas iglesias no les importa en ningún momento que un homosexual cambie, sino puede permanecer en esa condición porque no existe ningún problema.

Deseo enfatizar que la palabra usada para, criado, muchacho o sirviente es la palabra griega país.

> G3816 país: *muchacho* (por ser a menudo *golpeado* con impunidad); o (por analogía) *niña*, y (generalmente) *niño* o *niña*; específicamente *esclavo* o *siervo* (específicamente *ministro* ante un rey; y por eminencia ante dios):- niño, siervo, hijo, joven, muchacho, criado

La cual si fuera, como ellos dicen, todos los muchachos que aparecen en la biblia serian homosexuales y por lo tanto dentro de esta lista habría que tambien incluir a nuestro Señor Jesús puesto que el tambien se le asigna tal adjetivo en Lucas 2.43 .

Qué situación tan aberrante y fuera de contexto. A nivel de aclaración me permití compartirte esto. Entendiendo por estos versículos, que hay muchas personas e incluso congregaciones que van ajustando el evangelio para dejar cabida a su gran iniquidad. Veo continuamente en la tele-

visión, noticias de sacerdotes pedófilos que usando su investidura de santidad (falsa) envuelven a jovenes y paran ultrajándolos. Es por esto que debemos ajustarnos a la verdad en sus textos y sus contextos para no crear pretextos.

Pero deseo que volvamos al punto más relevante **la intercesión.**

> La intercesión es el acto de interceder o hacer una petición en lugar de otro delante de Dios.

¿Que es la Intercesión?

> "Y busqué entre ellos hombre que hiciese vallado y que se pusiese en la brecha delante de mí, a favor de la tierra, para que yo no la destruyese; y no lo hallé." (Ezequiel 22:30).

Dios está buscando, hoy más que nunca, a hombres y mujeres que se pongan favor de otros, que estén dispuestos a ponerse en la brecha entre Dios y este mundo para interceder ante EL.

"Así que, lejos sea de mí que peque yo contra Jehová cesando de rogar por vosotros; antes os instruiré en el camino bueno y recto." 1 Samuel 12:23

Pero debemos de considerar, que llega un momento en que la intercesión no surte su efecto, porque la maldad del pueblo es suficientemente grande y Dios ya no actuara a favor de ellos, sino enviara juicio

Ezequiel 14:13 Hijo de hombre, si un país peca contra mí cometiendo infidelidad, y yo extiendo mi mano contra él, destruyo su provisión de pan y envío hambre contra él y corto de él hombres y animales,

14:14 y aunque estos tres hombres, Noé, Daniel y Job, estuvieran en medio de ese país, ellos, por su justicia, sólo se salvarían a sí mismos-- declara el Señor DIOS.

Como es de valioso un hombre intercesor que al ponerse en la brecha puede detener el juicio de Dios

Números 16:44 y el SEÑOR habló a Moisés, diciendo:
16:45 Apartaos de en medio de esta congregación, para que yo la destruya en un instante. Entonces ellos cayeron sobre sus rostros.
16:46 Y Moisés le dijo a Aarón: Toma tu incensario y pon en él fuego del altar, y echa incienso en él; tráelo entonces pronto a la congregación y haz expiación por ellos, porque la ira ha salido de parte del SEÑOR. ¡La plaga ha comenzado!

El poder que se desarrolla cuando los Santos interceden. Plagas se detienen, sanidades, Milagros y etc.... Cosas maravillosas suceden cuando hay quien clame e interceda por nosotros.

> **El elemento clave en el milagro del siervo del Centurión fue que se dio dentro de una esfera de Autoridades.**

> *El Señor Jesús Autoridad a quien se le pide.*
> *El Centurión autoridad que aboga o intercede*
> *El grupo de ancianos autoridades reconocidas*
> *El siervo enfermo, hombre bajo autoridad.*

Cada vez que oigamos de intercesión, debemos de saber que la palabra clave es AUTORIDAD. Si tú ves que hay grupos intercediendo, sin autoridades que cubran, simplemente es nulo su clamor. Puesto que cuando vemos esto es indicio de divisiones en las Iglesias y de contrariedades a las autoridades establecida. Aquí en este versículo el pueblo vino a Moisés como su cobertura para que se intercediera...
"Entonces el pueblo vino a Moisés y dijo: Hemos pecado por haber hablado contra Jehová, y contra ti; ruega a Jehová que quite de nosotros estas serpientes. Y Moisés oró por el pueblo." Números 21:7
Dios está buscando a hombres y mujeres que quieran levantar un vallado y cobertura de oración para los hogares, las familias, las iglesias, empresas, ministerios, proyectos, ciudades, naciones, y continentes.

José Fernando Campos

"Exhorto ante todo, a que se hagan rogativas, oraciones, peticiones y acciones de gracias, por todos los hombres; por los reyes y por todos los que están en eminencia, para que vivamos quieta y reposadamente en toda piedad y honestidad. Porque esto es bueno y agradable delante de Dios nuestro Salvador" 1 Timoteo 2:1-3

Cuando hablamos de intercesión vemos que hay algunas palabras

EN HEBREO:

> "Palal"- significa orar, interceder, mediar como juez entre dos partes.
> "Hiphil"-significa causar que la luz caiga, causar que implore, alcanzar la marca

EN GRIEGO:

> "Enteuxis"- significa oración con tiempo y lugar previamente planificados, con el propósito de aproximarse al Rey.
> "Entugehano"-significa hacer intercesión; encontrarse con; una reunión.
> "Paga"- significa reunirse con, encontrarse, golpear en el blanco, atacar en forma violenta, impactar, hacer entrar por la fuerza, guerra.

Al elaborar un conjunto de los significados antes expuestos podemos observar lo siguiente:
- ➢ Mediar entre dos partes

- Encontrarse con el Rey en un lugar específico con un propósito
- Causar que la luz de Dios caiga
- Guerrear espiritualmente

  - Los Centuriones estaban obligados a ser mediadores entre el poder del imperio Romano y sus diferentes pueblos conquistados
  - Poseían un sentido muy fuerte de la autoridad y poder del Cesar
  - Entendían el valor de un perdón emitido desde Roma
  - Eran Expertos en la Guerra y la conquista de territorios.

Entonces cuando observamos los puntos primeros y los segundos, entendemos, el porqué de la actitud del Centurión. El reflejaba una formación que le permitio comprender como se mueve en el reino de los Cielos.

Cuando hablamos de conquistas territoriales, debemos saber de esferas espirituales, de lugares donde la oposición es fuerte y si nosotros somos la sal de la tierra, la luz de este mundo, debemos estar comprometidos y cuando nos llamen decir HEME AQUI nos pondremos en la brecha y trabajaremos por medio del poder del Espíritu Santo.

"Después oí la voz del Señor, que decía: ¿A quién enviaré, y quién irá por nosotros? Entonces respondí yo: Heme aquí, envíame a mí." (Isaías 6:8).

Cuando alguno de nosotros llevamos la delegación Apostólica para hacer la obra de Dios, tendremos que:
    Orar por ciudades...
"Y procurad la paz de la ciudad a la cual os hice transportar, y rogad por ella a Jehová; porque en su paz tendréis vosotros paz." Jeremías 29:7
    Por nuestros Hermanos...

"Hermanos, orad por nosotros." 1 Tesalonicenses 5:25
Para que los Hermanos no desmayen, a causa de nuestras pruebas espirituales como Ministros
"Por esta causa doblo mis rodillas ante el Padre de nuestro Señor Jesucristo" Efesios 3:14
Por la divulgación, expansión y desarrollo de la Palabra de Dios
"Por lo demás, hermanos, orad por nosotros, para que la palabra del Señor corra y sea glorificada, así como lo fue entre vosotros" 2 Tesalonicenses 3:1
Por nuestros pecados, maldades e inequidades que impiden la revelación de Dios
"Y volví mi rostro a Dios el Señor, buscándole en oración y ruego, en ayuno, cilicio y ceniza." Daniel 9:3
Por nuestros enemigos
"Y orad por los que os ultrajan y os persiguen" Mateo 5:44
EN NUESTRA DEBILIDAD Y PARA PEDIR CORRECTAMENTE EL ESPIRITU ES NUESTRO INTERCESOR
"Y de igual manera el Espíritu nos ayuda en nuestra debilidad; pues qué hemos de pedir como conviene, no lo sabemos, pero el Espíritu mismo intercede por nosotros con gemidos indecibles." Romanos 8

La Palabra establece en 2 Corintios 6:1 que somos "colaboradores suyos," es decir, que como hijos de Dios estamos supuestos a cooperar con Dios para que Sus propósitos y planes sean hechos. Jesús llevo a cabo la voluntad del Padre a través de la oración. El secreto del poder de Jesús acá en la tierra estaba en su vida de oración.

"Levantándose muy de mañana, siendo aún muy oscuro, salió y se fue a un lugar desierto, y allí oraba." (Marcos 1:35).
LO MÁS LINDO DE LA ORACIÓN DE JESÚS NO ERA SU LISTA DE PETICIONES O INTERCESIONES, SINO EL DELEITE DE HABLAR CON SU PADRE.

Salmo 37:4 dice: "Pon tu delicia en el Señor y él te concederá los deseos de tu corazón". La palabra más determinante acá es "Delicia" en el Señor. La belleza de la oración no es llegar con peticiones en la mano, sino llegar a deleitarnos en su presencia.

Llegamos si con nuestros propios deseos, pero al deleitarnos en él, El Señor cambia nuestros deseos egoístas por los de él y es entonces cuando Dios cumple los deseos de nuestro corazón los cuales ya no son los míos sino los que Dios ha sembrado en mi espíritu.

En este punto, empezamos a comprender lo valioso que es estar en su presencia y la necesidad que tenemos de Él. Y cuando apreciamos este valor en lo profundo de nuestro espíritu, estamos listos para ser enviados al trabajo de conquistar espiritualmente, las esferas negativas de muerte y opresión.

Juan Huss fue de los primeros en denunciar abiertamente la corrupción de la alta jerarquía católica, y en calificar al Papa como "la encarnación" del Anticristo. Predicaba el arrepentimiento de los pecados y la salvación solo por la fe en Jesucristo; Proponía volver a la pureza de los primeros años del cristianismo. Su postura lo llevó a ser condenado a morir en la hoguera. Mientras era consumido por el fuego, Huss cantó alegremente un himno que sobrepasó el crujir de las llamas. Sus últimas palabras antes de ser quemado fueron: "Por ese Evangelio estoy yo aquí, y estoy aquí con valor y alegría, listo para sufrir esta muerte. Lo que enseñé con mi boca, ahora lo sellaré con mi sangre"

Este hombre, al igual que Esteban el primer mártir, con alegría partieron a la presencia de Dios y a la vez pidiendo misericordia por aquellos que los estaban asesinando.

HEC 7:60 Y cayendo de rodillas, clamó en alta voz: Señor, no les tomes en cuenta este pecado. Habiendo dicho esto, durmió.

 *José Fernando Campos*

Juan Huss antes de morir profetizo sobre la reforma por medio de Martin Lutero, cien años después, hablando del surgimiento de un nuevo intercesor, ante la tiranía religiosa de aquel tiempo.

Las últimas palabras de Juan Huss mientras estaba siendo quemado vivo en la hoguera el 6 de Julio de 1415 fueron: *"En 100 años, Dios levantará a un hombre cuyo clamor por una reforma no podrá ser reprimido."*

Casi 100 años después, en 1517, Martín Lutero clavó las 95 tesis en la puerta de la catedral de Wittenberg. La profecía de Juan Huss se había vuelto realidad

Aquí dos últimas frases de este intercesor
- Aquel que le teme a la muerte, pierde el gozo de la vida.
- Es mejor morir bien que vivir mal.

Cuando veo al Centurión Romano interceder, nos damos cuenta, que todo esto le fue dado por Espíritu.

Los Principios del Centurión

Principio de Delegación

> Mat 8:9 soy hombre bajo autoridad, con soldados a mis órdenes; y digo a éste: "Ve", y va; y al otro: "Ven", y viene; y a mi siervo: "Haz esto", y lo hace.

Para tener autoridad, debes reconocer autoridad. Esto es la base del liderazgo de delegación. La palabra clave de este versículo en cuanto a este principio es BAJO MIS ORDENES esto en griego se dice:

> G1683 emautou (ἐμαυτου) significa: bajo, «bajo mí» o, «bajo mí mismo», «bajo mis órdenes» (rv : «debajo de mí»)

Y cuando lo analizamos comprendemos la palabra COBERTURA, o sea la bendicion de tener autoridad espiritual sobre nuestra cabeza.

Esto debe de convertirse en una Necesidad Espiritual, porque es necesario, que un guia espiritual pueda proveer

1. EL EJEMPLO
2. LA HUMILDAD
3. LA PACIENCIA
4. LA FUERZA
5. EL ANIMO
6. LA DIRECCIÓN
7. EL EQUIPO

Cuando llegamos a tener un equipo con características plenamente espirituales, nos convertimos en un poderoso ejército. El Centurión manejaba esto.

En el ejército se practican principios y valores que son esenciales para la estructura y dirección del regimiento. A continuación detallo algunos de ellos:

1. Respeto

2. Honestidad
3. Lealtad
4. Valor
5. Prudencia
6. Constancia
7. Solidaridad
8. Fidelidad
9. Transparencia
10. Respeto
11. Respeto por la Constitución y la Ley
12. Honor militar
13. Disciplina
14. Ética en todas las actuaciones
15. Compromiso
16. Fe en la causa
17. Persistencia en el empeño

Estos principios fueron tomados del manual de principios del ejército colombiano.

Por todo esto necesitamos estar cubiertos bajo mantos de autoridad espiritual para que nuestro caminar como iglesia sea bien coordinado.

Efesios 2.19 Así pues, ya no sois extraños ni extranjeros, sino que sois conciudadanos de los santos y sois de la familia de Dios, edificados sobre el fundamento de los apóstoles y profetas, siendo Cristo Jesús mismo la *piedra* angular, en quien todo el edificio, bien ajustado, va creciendo para *ser* un templo santo en el Señor, en quien también vosotros sois juntamente edificados para morada de Dios en el Espíritu.

Una cobertura espiritual, como lo dije anteriormente, debe de tener ciertas cualidades que permitan el desarrollo espiritual de su grupo. Dichosamente contamos con una autoridad sobre nuestra cabeza con un gran respaldo espiritual, el Apóstol Dr. Sergio Enríquez, ha sido una gran bendicion en mi vida, su apoyo, consejos, enseñanzas y su testimonio de vida, han sido una Fortaleza al momento de haber sido enviado a San

Francisco, California. Sin embargo no todos cuentan con una autoridad así. Por ejemplo, David, tuvo que soportar la autoridad de Saúl. No siempre se cuenta con esta bendicion, pero los que la poseemos, debemos hablar de todos los beneficios obtenidos al estar bajo cobertura.

A continuación detallo más a fondo las 7 características de una cobertura adecuada. O sea un guia que me ayude a transitar en el camino.

EJEMPLO

> Fil 3:7 Pero todo lo que para mí era ganancia, lo he estimado (LO HE TOMADO COMO GUIA) como pérdida por amor de Cristo.

Todos tenemos una vida pasada en Cristo Jesús, en la cual experimentamos éxitos y fracasos. En este versículo el Apóstol Pablo hace referencia a la importancia que esta vida tuvo para él. Habiendo dejado una huella profunda al saber que todo aquello por lo cual había luchado, simplemente no era nada, en relacion con su nueva experiencia en Cristo Jesús. Sin embargo si le servía de guia para comprender cuán grande amor había tenido el Señor por él, al haberlo tomado por digno para el ministerio. Al considerarse dentro de los pecadores el primero, se convirtió en un ejemplo para sus discípulos, a los cuales exhortaba y les invitaba continuamente a que imitaran de él, todo lo que el imitaba de Cristo.

HUMILDAD

> FIL 2:3 Nada hagáis por egoísmo o por vanagloria, sino que con actitud humilde cada uno de vosotros considere (TOME COMO GUIA) al otro como más importante que a sí mismo, no buscando cada uno sus propios intereses, sino más bien los intereses de los demás.

Vivimos en un mundo, donde el arrogante, altanero y orgulloso, tienen un lugar en los mejores puestos, porque con esto pretenden presentarse como lo fuerte de este mundo. Pero el más grande que ha existido sobre la tierra y todos aquellos que en verdad siguen su camino, presentan la humildad como una de sus grandes virtudes. Muchas veces hemos visto ese versículo precioso que Dice: DIOS VE DE LEJOS AL ALTIVO, PERO ACERCA A ÉL AL HUMILDE Y SENCILLO.

Por eso dice en Filipenses: haya esta actitud en Uds. Que tambien hubo en Cristo. Una autoridad en El Señor, debe tener por característica LA HUMILDAD. Y su sencillez será motivo de imitación por sus seguidores. El centurión dijo: NO SOY DIGNO...

JUAN EL BAUTISTA DIJO: MAT 3:11 pero el que viene detrás de mí es más poderoso que yo, a quien no soy digno de quitarle las sandalias

EL HIJO PRODIGO DIJO: LUC 15:19 ya no soy digno de ser llamado hijo tuyo

EL APOSTOL PABLO DIJO: 1CO 15:9 que no soy digno de ser llamado apóstol

Siervos que no se sintieron dignos, han sido testimonio para aquellos que los siguieron. Imitando a Jesucristo, despojándose de toda dignidad para hacerse pecado por nosotros.

PACIENCIA

En un mundo que corre, donde hay comida rápida, mensajes de texto

> 2PE 3:15 Considerad (TOMEN COMO GUIA) la paciencia de nuestro Señor como salvación, tal como os escribió también nuestro amado hermano Pablo, según la sabiduría que le fue dada.

casi a la velocidad de la luz y donde las personas viven en incertidumbre, producto de la desesperación. La paciencia ha sido uno de los frutos del Espíritu que se ha ido perdiendo y en otros debilitando.

El enemigo de nuestras almas ha ganado terreno y ha tomado ventaja en aquellos que no saben esperar y que lamentablemente se impacientan en cuanto a las promesas de Dios. Las batallas se pueden perder, pero la Guerra está ganada en el Nombre de Jesús.

> Mat 2:6 Y tú, Belén, de la tierra de Judá, no eres la más pequeña entre los príncipes de Judá; Porque de ti saldrá un guiador, (ALGUIEN QUE GUIA) Que apacentará a mi pueblo Israel.

LA FUERZA

Diga el débil fuerte soy. Forjad espadas de vuestras rejas de arado. No digas soy pequeño, no digas no se hablar... cada una de estas frases encierra un sentido de impotencia debilidad y a la vez el efecto transformador del poder de Cristo en nuestras vidas. Todo lo que el Centurión logro fue resultado de la actitud de su corazón. Al presentarlo impotente débil y necesitado. Al reflejar su interior lleno de sinceridad y transparencia, alcanzo la respuesta a su petición. Esto me indica que en el frente de batalla, sus tropas antes que confiar en sus propias fuerzas, se llenaban de fe. Todo guia espiritual debe reconocer que sin Dios

nada es posible. Pero que en cuanto uno pone su confianza en Él, hasta las cosas más difíciles se logran.

EL ANIMO

> Hch 15:27 Por tanto, hemos enviado a Judas y a Silas, (HOMBRES GUIAS) quienes también os informarán las mismas cosas verbalmente.

Hch 15:32 Siendo Judas y Silas también profetas, exhortaron y confortaron a los hermanos con un largo mensaje.

Los hombres guías, tienden a dar palabras de consuelo y animo a aquellos que los imitan. Con pocas palabras o con un largo mensaje, transmiten el ánimo necesario para hallarle sentido a la vida y un propósito para cada prueba.

DIRECCIÓN

> Hechos 14:12 Y llamaban a Bernabé, Júpiter, y a Pablo, Mercurio, porque éste era el que dirigía (GUIABA POR) la palabra.

El poder y el privilegio más grande conferido a mi vida, es que en un vaso de barro, Dios depósito un gran Tesoro. Los hombres guías debemos saber esto. Considerar que por la palabra, trabajamos en el corazon de las personas y que eso las lleva a seguirnos. Esto es una responsabilidad muy grande, puesto que tenemos que tener garantía y seguridad de que nuestros ojos espirituales deben estar abiertos y no ciegos. Puesto que un ciego no puede guiar a otro ciego, pues ambos caerán en el hoyo. Al contrario debe poseer revelación y esta producir la palabra correcta para cada momento.

EL EQUIPO

> 1Tesalonicenses 5:12 Pero os rogamos hermanos, que reconozcáis a los que con diligencia trabajan entre vosotros, y os dirigen en el Señor y os instruyen (SON GUIAS DEL EQUIPO ESPIRITUAL)

Cuando se llega a formar un equipo de personas entrenadas espiritualmente y llenas del poder del Señor, estando en un mismo sentir, nada les será difícil. El Señor Jesús les enseño a doce, de los cuales uno resulta traidor, pero los once y Matías llenos del Espíritu santo, impactaron el mundo y proclamaron, incluso a costa de sus vidas, el precioso evangelio del Señor.

Se les entrego una autoridad espiritual para atar y desatar, para perdonar pecados, para liberar, nada mortífero les iba a hacer daño y tú sabes el resto

> Mat 16.19 y Mat 18.18: lo que se ate en la tierra será atado en el cielo.

Jn 20:23: a quién les remitiereis los pecados en la tierra les serán remitidos en el cielo, y a quién no se los remitiereis en la tierra tampoco se le remitirán en el cielo.

Todos necesitamos autoridad...

> Efe 5:21 sometiéndoos unos a otros en el temor de Cristo.

Alguien a quién, debemos rendir cuentas, que apruebe o desapruebe nuestras acciones, que nos dé consejo, palabra, respaldo, que se convierta en un tutor, cuidador, ayo, alguien a quien consideremos como un padre.

Cuando varias personas en el mismo sentir y bajo autoridad se disponen a hacer algo en favor de la causa espiritual, sucede el fenómeno llamado sinergismo.

Sinergia:

> La acción combinada de varias sustancias químicas, las cuales producen un efecto total más grande que el efecto de cada sustancia química separadamente (dicc.Wikipedia).

Al Señor le gustan los equipos de poder. Te provee de ayudas y tambien seguidores, te da la palabra y te usa aun siendo un vaso de barro.

Uno contra mil, dos contra diez mil.

El trabajo en equipo siempre es mejor: mejor paga, apoyo, complementariedad de recursos.

Dios bendice de manera especial el trabajo en equipo, estando Él presente en ello.

Dios elige a Moisés y Él se puso en la brecha juzgando a todo Israel y el trabajo era demasiado. Jetro le dio el consejo que armara un equipo de ayuda espiritual y que él los dirigiera. Y él le dijo:

> Éxo 18:22 que juzguen ellos al pueblo en todo tiempo; y que traigan a ti todo pleito grave, pero que ellos juzguen todo pleito sencillo. Así será más fácil para ti, y ellos llevarán la carga contigo.23 Si haces esto, y Dios te lo manda, tú podrás resistir y todo este pueblo por su parte irá en paz a su lugar.

Al ser formado este precioso equipo, el trabajo espiritual se dio a otro nivel de excelencia y la tarea fue mucho más fácil y efectiva.

Puedo decir que el principio de la delegación, solo puede subsistir, cuando la autoridad se manifiesta en nuestra vida. Tanto ascendentemente, lateralmente y por su puesto su resultado será manifiesto descendentemente en las personas que tenemos a cargo.

El Centurión hecho mano de este precioso principio, estableciendo esto, vivo bajo autoridad reconozco autoridad, establezco delegaciones, bajo estas bases ahora te pido, di la palabra. Y esta palabra tendrá poder absoluto para hacer realidad mi petición.

Los Principios del Centurión

Principio de Respeto y Dignidad

> 1Reyes 3:28 BAD Cuando todos los israelitas se enteraron de la sentencia que el rey había pronunciado, sintieron un gran respeto por él, pues vieron que tenía sabiduría de Dios para administrar justicia.

El Rey Salomón, cuando empezó su reinado, tuvo que tomar una decisión, con respecto a un niño. Dos mujeres reclamaban su maternidad y al definir que se tenía que partir al niño en dos con una espada, se descubrió quien era la madre. La sabiduría es motivo de respeto. El Centurión observo la sabiduría y poder de nuestro Señor Jesucristo y esto provoco un temor reverente, (RESPETO) hacia Él.

RESPETO

> 1. Consideración, acompañada de cierta sumisión, con que se trata a una persona o una cosa por alguna cualidad, situación o circunstancia que las determina y que lleva a acatar lo que dice o establece o a no causarle ofensa o perjuicio.
> 2. Consideración de que algo es digno y debe ser tolerado. "el respeto a los derechos humanos; el respeto a la libertad de expresión; el respeto al propio cuerpo"

Ser militar es más que portar el uniforme es llevarlo con sacrificio honor y respeto.

Dentro de un ejército, el respeto es uno de los valores más importantes. Independientemente si la autoridad se lo merece o no, es cuestión de rangos. Cuando se comienza en la tropa el rango más bajo es el de soldado raso y el mayor grado es el sargento mayor de división.

José Fernando Campos

De igual manera dentro de la línea de los oficiales el grado más bajo es de subteniente y el más alto el de general de división. Cada uno de ellos, debe respeto a su autoridad superior. En el Antiguo ejército romano había distintos tipos de centuriones dependiendo de los asuntos y personal a cargo. Pero sus autoridades superiores eran los tribunos y estos tenían el anhelo de ser conferidos a un puesto de gobernadores o de miembros de los diferentes concilios o cámaras representativas de la república y el pueblo.

Muchos religiosos en estos días, hablan de respeto y temor reverente y no lo ponen por práctica. Existe una gran irreverencia a Dios y el Centurión lo que hizo fue precisamente lo contrario, le dio el debido honor a nuestro Señor Jesucristo. El Señor exclamo y dijo no he visto tanta fe en todo Israel. Se maravilló solo de dos cosas, de la actitud de este centurión y de la incredulidad de Israel.

Malaquías 1:6 Sacerdotes, nuestro poderoso Dios me manda a decirles a ustedes: «Los hijos respetan a sus padres, y los esclavos respetan a sus amos. ¡Pues yo soy su Padre y su Amo, y sin embargo ustedes los sacerdotes no me respetan! ¡Me tratan como si no valiera nada!» Ustedes los sacerdotes se defienden, y preguntan: «¿Por qué nos acusa Dios? ¿Cuándo le hemos faltado al respeto? ¿Cuándo lo hemos ofendido?» Pero el Dios todopoderoso les responde: «Me ofenden cuando desprecian mi altar, cuando me presentan como ofrenda animales impuros, que no valen nada porque están ciegos, cojos y enfermos. ¿No creen que eso está mal?

Si esos mismos animales se los ofrecieran a su gobernador, ¡se ofendería y no los aceptaría!

Muchas veces reconocemos las autoridades terrenales y no las espirituales, esto es porque tenemos el concepto de autoridad dañado, de tal forma que el que obedece debería tener este principio en todas las actividades de su vida. Sin embargo muchas veces es por conveniencia o por obtener una recompensa. Cuando se trata de respeto se habla también de dignidad.

DIGNIDAD

> **1.** Cualidad del que se hace valer como persona, se comporta con responsabilidad, seriedad y con respeto hacia sí mismo y hacia los demás y no deja que lo humillen ni degraden. "perder la dignidad; respeta la dignidad de la persona, con todos sus derechos y libertades"
>
> **2.** Cualidad de la cosa que merece respeto. "como lo exige la dignidad del lugar"

Los verdaderos hijos de Dios no se sienten dignos de tener un Dios tan impresionantemente bello.

Cuando entendemos quien es Él, no tenemos ninguna opción porque lo mejor que podemos hacer es: ADORARLO COMO SE MERECE.

La dignidad comienza donde la jactancia acaba.
Edward Young

 *José Fernando Campos*

Principio del Poder de la Palabra

> Luc 7:7 tan sólo di la palabra y mi siervo será sanado.

El poder de la palabra es lo que ha hecho posible la creación de lo visible. Puesto que lo invisible ya existía y es mucho más grande, era necesario que el hombre creado fuera colocado en un lugar que fuera sombra de aquello eterno a donde el hombre debe pertenecer y que por causa del pecado se quedó varado en esta tierra. Sin embargo por El Señor Jesucristo podemos regresar a nuestro lugar de origen.

Muchas veces no nos damos cuenta que en el Reino de los cielos hay leyes y por supuesto ese ambiente legal se refleja en este mundo. Nosotros podemos comparecer ante cortes terrenales y por supuesto compareceremos ante el tribunal de cristo. Tenemos un precioso abogado e intercesor por nosotros delante del Padre y aquí tambien poseemos abogados que interceden en favor nuestro ante las cortes. Hay fiscales en la tierra y esta tambien el acusador de nuestras almas. Hay cárceles eternas y tambien temporales y aquí en la tierra de igual manera. O sea, concluyendo nos damos cuenta de que esta tierra es un reflejo de lo que hay allá arriba. Por medio de la palabra accedamos a lo eterno. El centurión se acoplo y se sujetó al ambiente legal eterno, hizo una copelación de todo lo que él había vivido y llego a la conclusión que los principios que rigen los cielos tambien están presentes en la tierra. Por eso tanto el cielo como la tierra se tienen que sostener por su palabra.

La palabra nos rodea, llena nuestra vida. No hay un lugar donde la palabra no pueda intervenir.

Este principio es muy importante que lo aprendas, porque el Centurión lo entendió.

Tomo consigo toda la información que tuvo a mano para entender en su corazon que Jesús era el único que podía sanar a su siervo. Los testimonios escuchados lo llenaron de fe.

PALABRA DE FE

> ROMANOS 10:8 Mas, ¿qué dice? Cerca de ti está la palabra, en tu boca y en tu corazón, es decir, la palabra de fe que predicamos.

Este capitán del ejército Romano, oyó lo suficiente y a mi parecer lo ha de ver visto antes y oía a la gente hablar de tanto milagro. Él se rodeó de ancianos para que intercedieran por El ante el Señor.

Aun y cuando era inconverso, creía a la palabra de salvación, puesto que entendía acerca de los decretos libertadores que emitían sus autoridades superiores. Y sabia del poder ejecutivo de tales escritos. El confió en el decreto más precioso que se haya dado en esta tierra. El perdón de nuestros pecados y la sanidad de nuestra alma. Para alcanzar la vida eterna.

PALABRA DE SALVACIÓN

> HECHOS 13:26 Hermanos, hijos del linaje de Abraham, y los que entre vosotros teméis a Dios, a nosotros nos es enviada la palabra de esta salvación.

Este centurión estaba entrando a un Puente de salvación para todos los gentiles.

No sé si fue él mismo que exclamo: EN VERDAD ESTE ERA EL HIJO DE DIOS. Pero mi percepción me dice que eran dos centuriones distintos. Sin embargo la palabra de la cruz, alcanzo hasta lo más profundo del pretorio y la guardia romana, porque hombres como este centurión creyeron.

PALABRA DE LA CRUZ

José Fernando Campos

> 1CORINTIOS 1:18 ¶ Porque la palabra de la cruz es necedad para los que se pierden, pero para nosotros los salvos es poder de Dios.

No existe alivio más grande en nuestra vida, que sentirnos perdonados y libres de pecado. Esto permite sentirnos reconciliados con el Padre y receptivos del gran amor que Él nos quiere dar.

PALABRA DE RECONCILIACIÓN

> 2CORINTIOS 5:19 Dios estaba en Cristo reconciliando al mundo consigo mismo, no tomando en cuenta a los hombres sus transgresiones, y nos ha encomendado a nosotros la palabra de la reconciliación.

Todo buen soldado de Cristo, sabe que su responsabilidad más grande, es hablar de la reconciliación y la paz que El padre Dios quiere hacer con nosotros por medio de su Hijo Jesucristo.

Esto nos permitirá hablar con denuedo y predicar su palabra. El Centurión llamado Cornelio, era un hombre trabajado por la palabra y que continuamente trataba de hacer obras para alcanzar gracia delante de Dios.

PALABRA DE VERDAD

> SALMOS 119:43 No quites jamás de mi boca la palabra de verdad, porque yo espero en tus ordenanzas.

Pedro llego a visitarlo y expreso que no comprendía como Él Señor había ya empezado a visitar al pueblo gentil. Se le había olvidado que anteriormente Él Señor había escuchado la súplica de aquel centurión y no le había negado su petición.

> HECHOS 13:15 Después de la lectura de la ley y los profetas, los oficiales de la sinagoga les mandaron a decir: Hermanos, si tenéis alguna palabra de exhortación para el pueblo, hablad.

PALABRA DE SU GRACIA

> HECHOS 14:3 Con todo, se detuvieron allí mucho tiempo hablando valientemente confiados en el Señor que confirmaba la palabra de su gracia, concediendo que se hicieran señales y prodigios por medio de sus manos.

El Ancla del evangelio dice que hay dos cosas que son imposibles que pasen. Que Dios miente y la otra que deje de cumplir lo que ha prometido.

PALABRA DE PROMESA

> ROMANOS 9:9 Porque esta es una palabra de promesa: Por este tiempo volveré, y Sara tendrá un hijo.

El Centurión se aferró a la palabra dada y en aquella hora su siervo empezó a sanar.

Cuando esperes un milagro, considera tu posición y comprende que a veces no se resolverá tu asunto como deseas. Aquí vemos tres palabras que son esenciales para tu crecimiento en el Señor, conocimiento, sabiduría y exhortación.

PALABRA DE CONOCIMIENTO Y SABIDURÍA

1CORINTIOS 12:8 Pues a uno le es dada palabra de sabiduría por el Espíritu; a otro, palabra de conocimiento según el mismo Espíritu

 *José Fernando Campos*

PALABRA DE EXHORTACIÓN

Todo con el propósito de crecer y madurar en El Señor.

Dios hará justicia, era la frase que Edmundo Dantes, el Conde de Montecristo, tenía escrita en su celda. Siempre llega la hora. Dios no se mueve y El hará justicia por ti, delante de las personas ya sea amigos o enemigos.

> HEBREOS 5:13 Porque todo el que toma sólo leche, no está acostumbrado a la palabra de justicia, porque es niño.

PALABRA DE JUSTICIA

El Señor hizo justicia, concedió la petición de aquel hombre sin dignidad, delante de sí mismo, con dignidad delante de aquellos que daban testimonio de él.

> FILIPENSES 2:16 sosteniendo firmemente la palabra de vida, a fin de que yo tenga motivo para gloriarme en el día de Cristo, ya que no habré corrido en vano ni habré trabajado en vano.

PALABRA DE VIDA

Llego la vida, llego la sanidad, se dio la palabra.

Logro que El Señor abriera su boca y saliera el poder precioso, creativo, libertador, amoroso, consolador

LA PALABRA DE CRISTO

COLOSENSES 3:16 Que la palabra de Cristo habite en abundancia en vosotros, con toda sabiduría enseñándoos y amonestándoos unos a otros con salmos, himnos y canciones espirituales, cantando a Dios con acción de gracias en vuestros corazones.

El Milagro se había hecho evidente por su

PALABRA DE PODER

HEBREOS 1:3 Él es el resplandor de su gloria y la expresión exacta de su naturaleza, y sostiene todas las cosas por la palabra de su poder.

Ahora vivimos encomendados a su palabra...

LA PALABRA DE DIOS

HECHOS 18:11 Y se quedó allí un año y seis meses, enseñando la palabra de Dios entre ellos.

Anhelando cada día más su llamado y paruosia por su iglesia amada.

> APOCALIPSIS 3:10 Porque has guardado la palabra de mi perseverancia, yo también te guardaré de la hora de la prueba, esa hora que está por venir sobre todo el mundo para probar a los que habitan sobre la tierra.

PALABRA DE PERSEVERANCIA

Así como este centurión espero pacientemente todo el proceso hasta que el milagro sucedió.

Así tambien te invito a que tú lo hagas y pídele al Señor paciencia para contemplar su poder.

Dios te Bendiga.

Pastor Fernando Campos

José Fernando Campos

Carta al lector

Amado Hno. y Amigo que me has acompañado durante el desarrollo de este libro. Agradezco a Dios nuestro por tu vida y espero que estas líneas hayan sido de mucha bendición, así como lo han sido para mí.

He aprendido mucho durante este proceso y al hacer un estudio minucioso de este personaje, me doy cuenta de cuantos habrá en el mundo así como el. Que sin tener tanto conocimiento de Dios, su fe los ha llevado a conocer el poder del Señor en sus vidas.

A veces vivimos religiosamente, pero el propósito de este libro es precisamente que salgas de tus comodidades y puedas lanzarte a la dimensión de lo imposible y creas firmemente que El Señor estará contigo a donde quiera que vayas y no te abandonara y desamparara porque su mano poderosa nos llena y bendice de tal forma que no podemos realmente encontrar las palabras adecuadas para agradecer puesto que es demasiado todo lo que sentimos por nuestro amado.

Gracias

A Dios sea siempre la gloria, por toda la eternidad..

Pastor José Fernando Campos

José Fernando Campos inicia su carrera ministerial dentro de Ministerios Ebenezer Guatemala. Desarrollándose primeramente como Pastor del Liceo Cristiano Roca de Ayuda; y tambien dirigiendo el Departamento de Teatro en donde tuvo la oportunidad de presentar el Evangelio de una manera artística, alcanzando diferentes sectores. En el año 2003, fue enviado como Pastor a la ciudad de San Francisco CA, bajo la cobertura del Apóstol Sergio Enríquez.

Ya han pasado 14 años desde que se estableció Restauración Ministerios Ebenezer San Francisco. Teniendo ahora bajo su cuidado a más de 30 iglesias en diferentes ciudades. En el libro "Los Principios del Centurión", el autor nos presenta un reto al crecimiento espiritual, en disciplina valor y fe.